进程

PROGRESS

JOHAN
NORBERG

[瑞典] 约翰·诺伯格——著
刘少阳——译

天津出版传媒集团
天津人民出版社

献给艾莉西亚、亚历山大和尼尔斯－埃里克，世界是属于你们的。

“人类的知识将会大大地增长，今天我们想不到的新发明将会屡屡出现，我有时几乎后悔我出生得过早，不能知道将要发生的一些事情。”

——本杰明·富兰克林，1783

《进程》提醒我们，新闻标题具有误导性。历史和数据显示，人类生活的各个方面都发生了巨大改善。

——《观察者报》年度图书评论

《进程》饱含敏锐的判断力。

——《经济学人》年度读书评论

作者诺伯格以轻松、有趣的方式，向我们展现了每个专家都知道，但大多数新闻读者很难相信的真相：世界正变得更富有、更健康、更自由、更和平。

——《观察者报》

作者诺伯格提供了强有力的证据，且言辞生动、有趣。《进程》是这个充满抱怨与悲观时代下客观、中肯的一本书。

——《泰晤士报》

作者通过一贯的乐观主义和富有说服力的观点，向我们展示了世界美好的一面。

——《时尚先生》

在《进程》这本文笔优美、乐观向上的书中，诺伯格这位瑞典作家将事实、趣闻和官方统计数据结合在一起，描述了人类在实现目前无与伦比的生活方面所取得的“胜利”……尽管作者承认，世界上许多地方仍面临着混乱、饥饿和贫困，但他仍然乐观地认为，人类的聪明才智将在塑造未来方面占上风。他的观点令人耳目一新：我们中有许多人已经告别了曾经肮脏、粗野、生命转瞬即逝的时代。

——柯克斯书评

《进程》全面记录了人类在过去几个世纪中取得的进步。

——《理性》

目录

CONTENTS

引　言　最美好的时光是现在

The good old days are now

没有什么比糟糕的记忆更能唤起昔日的美好时光。

——富兰克林·皮尔斯·亚当斯[1]

恐怖袭击，ISIS，发生在叙利亚和乌克兰的战争，犯罪，谋杀，枪杀，饥荒，洪灾，流行病，全球变暖，不景气，贫困，难民。

“到处都是沮丧和悲观。”一名女士在街上接受电台采访时，这样描述世界的状态。[2]

以上都是我们在新闻里所见到的，发生在我们这个时代的故事。2015 年除夕夜《金融时报》发表了一篇关于时代精神的文章，标题写道："千疮百孔，伤痕累累，提心吊胆——整个世界都紧张不安。"

唐纳德·特朗普在参加美国总统竞选时，正是用这部分唤起了群众内心的恐惧与怀旧之情。2017 年，有 58% 的英国民众支持英国离开欧盟，他们认为现在的生活比 30 年前还要糟糕。1955 年，13% 的瑞典人认为社会存在"不能容忍的情况"。半个世纪之后，超过半数的瑞典人认为，人们变得更加自由，收入增加，贫困在减少，健康得到改善。[3]

许多专家和机构同意这种观点。美国前参谋长联席会议主席马丁·登普西将军（General Martin Dempsey）在国会上说："我个人坚信……（世界）比以往任何时候都更加危险。"教皇方济各（Pope Francis）声称全球化迫使许多人饿死："世界上财富的绝对值在增加，但社会不平等和贫困也在加剧。"

社会活动家娜欧米·克莱因（Naomi Klein）认为，现代文明正发生冲突，我们正在破坏赖以生存的地球[4]。另外，哲学家约翰·格雷（John Gray）认为，人类是有智慧的抢夺者，充满掠夺性和破坏性，即将要到达文明的终点。[5]

我曾经认同他们的悲观情绪。那是 20 世纪 80 年代，还在瑞典的我正开始塑造自己的世界观，发现自己难以忍受现代文明。工厂、高速公路和超市对我而言毫无美感，现代化的都市上班生活看起来单调沉闷。我把这种全球新型消费习惯与电视上所报道的贫困和冲突联系起来，因此，我梦想着回到古老的与自然和谐共处的社会。然而事实证明我太短视了。我没有认真思考过人们在工业革命之前是如何生活的——没有药和抗生素，没有安全的水，缺乏食物、电力系统和卫生系统。我想象中的生活其实更像是当今现代化的乡村生活。

作为研究中的一部分，我开始阅读历史并周游世界。当我开始了解到过去生活的真正模样，我发现我不能再美化它了。在我重点研究的国家之一——也就是 150 年前我的祖先生活的瑞典，民众曾经在很长一段时间因缺少食物而营养不良——相较于撒哈拉以南的非洲国家的平均水平，这里更贫穷，人均预期寿命更短，儿童死亡率更高。如果时光倒流，

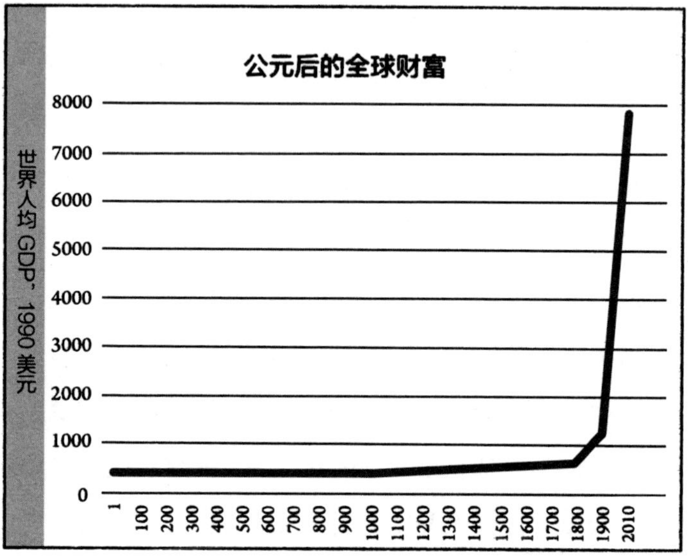

资料来源：Maddison 2003

我们真的能回到过去，那么你会发现，过去的日子实在是太可怕了。

先不管那些新闻报道，毋庸置疑，这个时代是伟大的，人类的生活水平取得了有史以来最伟大的进步。贫困、营养不良、文盲、童工和婴儿死亡率下降的速度比人类历史上任何时期都要快。在 20 世纪，人均预期寿命是 20 万年前的两倍多。人们遭受战争、死于自然灾害或者受到专制统治的风险比任何时候都要小。现在出生的小孩更有可能活到退休年龄，而他的先辈也许只能活到 5 岁。

确实，战争、犯罪、灾难和贫困为人类带来了极大的痛苦。过去十年里，全球媒体以现代新闻的方式对此争相报道——现场直播，夜以继日地报道。这些问题自古以来一直存在。与过去不同的，则是这些问题正在迅速减少，曾经它们普遍存在，而如今我们所看到的只是个例。

进步始于 17 世纪和 18 世纪的启蒙运动，人们开始用经验主义来分析世界，而不再受制于当局政府、传统和迷信。政治发展的必然结果和古典自由主义的萌芽，解放了遗传学，废除了独裁和农奴制。19 世纪的工业革命紧随其后。工业革命大大增强了国家的工业力量，让人类开始摆脱贫困和饥饿。接二连三的革命足以把很大一部分人从水深火热的生活中解救出来。20 世纪后期的全球化则让技术和自由传遍世界各个角落，人类的进程比以往任何时候都要规模更大、更迅速。

虽然人类的行为不总是理性的或者仁慈的，但总的来说，人类致力于改善自己和家人的生活，他们为了实现这个目标而去努力工作。然后一步一步地，人类积累了丰富的知识和财富。在当今社会，越来越多的人愿意接受不同的观点，面对问题也愿意尝试不同的解决方法，所以我们不断地积累了更多科学知识，每个人都能站在前人的肩膀上继续做出贡献，这是一个良性循环。

这本书关注人类的胜利，但并不是自鸣得意。它的出现更多地带有一种警示，提醒人们，人类的进步绝非理所当然。这种误解自古以来一直存在，而唯有个人自由、经济开放和科技进步才可以在根本上破除这种误解。恐怖主义和独裁者破坏了目前开放的社会环境，但也有来自我们身边的内部社会的威胁。大众普遍对全球化和现代经济感到不满。保守人士对现代化大都市、城市化和流动性的社会一直充满敌意，现今又开始认为外面的世界是危险的，我们必须为自己筑起一道保护墙。

本土保护主义真的存在风险。如果我们看不见已经取得的进步，就会盲目地为依然存在的问题寻找替罪羊。为了重振经济，我们似乎更愿意尝试那些煽动者提出的快捷又粗暴的办法，诸如限制进口或者直接赶走移民。而我们这么做的原因只是因为我们的感受不太好。

此刻，我们必须正视并谨记人类所取得的这些惊人的进步。这些进步虽然缓慢，但步履平稳，数百万的人被赋予自由去改善自己的生活，从而改善了整个世界。这种进步不是由领袖或者机构、政府从上而下强制实行就可以得到的。这本书会解释发生了什么、如何发生以及为什么我们忽略了它们。

这无疑是人类取得的最大成就。如果我们能更经常地环顾世界的发展，就能寻找到进步的踪迹。所以我借用圣保罗大教堂的建筑师克里斯托弗·雷恩爵士的墓志铭作为结尾：“如果你在找我的墓碑，请你环顾四周（Si monumentumrequiris，circumspice）。”

1

食物

Food

任何人如果能使粮食的产量翻倍，那么他值得被人类歌颂，他为国家做出的贡献将比全部政治家加起来还要多。

——乔纳森·斯威夫特[1]

1868年的一个冬天，我的曾曾曾曾祖父，埃里克·诺伯格（Eric Norberg）带着几袋面粉回到了瑞典北部翁厄曼兰的纳特雷。这个北方农民不把瑞典的贸易壁垒和垄断放在眼里，长途跋涉到南方做生意。埃里克·诺伯格在南部销售纺织品，然后换取盐和燕麦。

他的归途很少会像这一次这样让人盼望。在一个饥荒年，许多地方的庄稼都没有收成，由于面粉短缺，人们不得不用树皮来做面包。伯恩纳下属辖区的一名男子回忆起自己在7岁亲身经历的饥荒时，说道：

> 我们经常看到母亲在抽泣。毕竟对于一位母亲来说，无法给自己正在挨饿的孩子找到食物，实在是太令她难

过了。时不时地，还能看到那些憔悴的、饿着肚子的孩子，从一个农场到另一个农场乞讨，只为讨要一些面包屑。有一天，三个孩子走向我们，边哭边哀求着，希望我们能给他们一些食物以缓解饥饿带来的痛苦。母亲的眼里饱含泪水，但还是不得不狠心告诉他们，这是我们仅存的一丁点儿食物。当看到三个孩子痛苦又恳求的眼神，我们大哭了起来，请求母亲能让大家一起分享面包屑。在几番犹豫之下，母亲还是同意了。三个小孩子狼吞虎咽地吃完，离开了我们家。但第二天，我们在去另一个农场的路上，发现了这三个小孩的尸体。

憔悴的、面色苍白的年轻人和老人，走向一个又一个农场，只为讨到一口吃的，能够继续活下去。就连牲畜都饿得站不起来，必须靠绳子拉起，挤出的奶也夹杂着血。数以千计的瑞典人接连两年死于饥荒。

农作物歉收在瑞典并不罕见。1695 年至 1697 年发生的一起饥荒，就夺走了当时国内十五分之一的生命，相传还发生过人吃人的情况。没有机器、冷藏、灌溉和化肥这些技术条件，收成就会受到威胁；没有现代化的通信技术和运输条

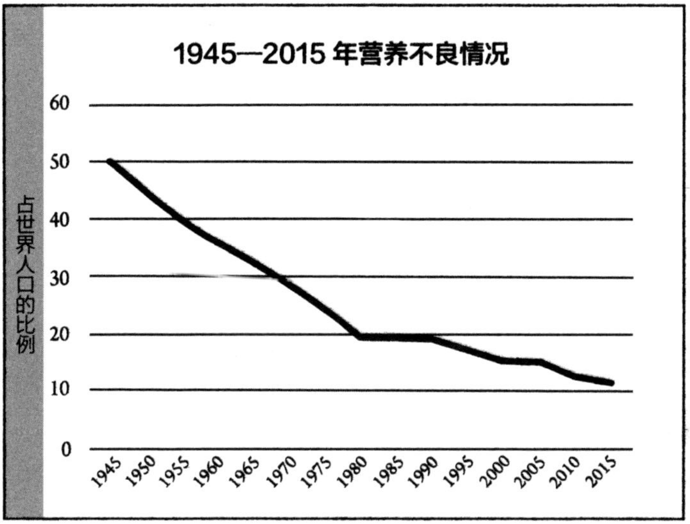

资料来源：联合国粮食及农业组织（FAO），1947 年、2003 年、2015 年[2]

件，歉收常常会导致饥荒。

获取足够的能量来维持身体和大脑正常运作是人类最基本的需求，但纵观历史，大多数人并没有在这一方面得到满足。饥荒是个普遍现象，在欧洲反复发生，以至于法国历史学家费尔南·布罗代尔把饥荒纳入人类的生物机制和日常生活之中。法国，作为世界上最富裕的国家之一，全国性的饥荒在 11 世纪发生 26 次、12 世纪发生 2 次、14 世纪发生 4 次、15 世纪发生 7 次、16 世纪发生 13 次、17 世纪发生 11 次、

18 世纪发生 16 次。除此之外，每个世纪还会发生数百次地区性的饥荒。[3]

在饥荒时期，农民不得不离开村庄，转而奔向城市去乞讨食物。在 16 世纪的威尼斯和亚眠，其街道和广场上经常能见到饿死的尸体。17 世纪冬天的情况则更加糟糕，1694 年在诺曼底默朗，由于挨饿，人们在小麦成熟之前就收割，许多人像动物一样靠吃草活着。[4] 他们可能还算幸运的——在 1662 年的法国中部，发生了吃人肉事件。[5]1695 年至 1967 年，有四分之一到三分之一的芬兰人死于饥荒。

布罗代尔指出，亚洲的饥荒情况要比欧洲可怕得多。亚洲人赖以生存的大米，都是从万里之外运输来的，每一个危机都可能是一场灾难。布罗代尔引述了一位目睹过印度 1630 年至 1631 年饥荒的荷兰商人的经历：

> 人们抛弃了城镇和村庄，无助地游荡着。你可以一眼就看出他们的悲惨：两眼深凹，嘴唇惨白，骨瘦如柴，饥肠辘辘……有的人在哭泣和哀号，还有的人躺在地上奄奄一息。惨剧一幕幕上演：妻离子散，父母要么

是遗弃小孩，要么是为了自己能够存活下去把小孩卖掉，还有数不清的人选择自杀。活人饥饿的眼睛盯上了同类，当饥饿压倒一切时，他们开始吃死人肉。无数的人被饿死，饿殍遍野，弥漫着恶臭……有的市场还贩卖人肉。[6]

即使在发达国家发展最迅速的时代，食物也并不总是有营养的，也不能贮存很长时间——通常人们在有需求的时候才会去购买。人类将食物脱水，并用盐腌制，以延长食物的储存时间，但盐并不便宜。几百年前，翁厄曼兰省的普通人家一天会吃四顿饭：早餐是土豆、鲱鱼和面包，午餐是燕麦粥或稀粥，正餐是土豆、鲱鱼和面包，晚餐仍是燕麦粥或稀粥。每天都吃相同的东西，除了星期天——如果有肉的话，人们会喝肉汤搭配大麦。人们用木勺当餐具，吃完饭后把木勺舔干净，然后放回抽屉里。

当今的发达国家的人们在 20 世纪的平均寿命为 50 岁，那时已经有研究记载充足营养对人类健康和生存的重要性。事实证明，在北半球 10 月到 12 月出生的人，寿命要比 4 月到 6 月出生的人多半年，而在南半球却恰恰相反。即使是在北半球出生之后移居到南半球生活的人，也是生日在 10 月到 12 月之间的人寿命更长。其中一个原因，可能是在这之前，即便是富裕国家也是秋天更容易获取新鲜的蔬菜和水果。看来，秋天出生的婴儿在孕期和成长初期都能吸收到更好的营养，因此，他们在婴儿时期的体重也更重。[7]

18 世纪末，仅燕麦这一项食物就需要花费普通法国人近一半的收入，这还不过是简单的稀粥而已。在 18 世纪，法国人和英国人摄入的热量比撒哈拉沙漠以南的非洲还要少。要知道，这可是当今最营养不良的地区。[8]

如果你听说人类祖先的工作时间短，不必太羡慕。之所以这样，主要是因为他们在儿童时期得不到促进身体发育所需的足够热量，或者无法摄入足够的热量让成年人维持身体的正常运作。因此，我们的祖先发育不良，瘦弱矮小——这样一来，身体所需的热量更少，所吃的食物也更少。经济学家、诺贝尔奖得主安格斯·迪顿是世界上研究健康与发展的最优秀的专家之一。他在提到 18 世纪和 19 世纪早期英国的“营养困境”时说到，因为缺乏热量，人们不能拼命工作去生产足够多的食物，以至于人类无法更有效地工作。[9]

据估计，200 年前，大约 20% 的英国人和法国人完全不具备工作能力。他们的力气只够每天最多缓慢行走几个小时，这让他们中的大部分人不得不靠乞讨过一生。[10] 营养不良对智力发展也有很严重的影响，因为儿童需要脂肪来保证大脑的正常发育。

当时的某些思想家认为这种情况将永远持续下去。18 世纪，牧师、人口学家、政治经济学家托马斯・罗伯特・马尔萨斯推断，人口数会一直大于可获得的粮食总数。他看到人口正以指数的速度翻倍增长，从 2 倍到 4 倍到 8 倍再到 16 倍，而农业生产量却只是直线上升，从 2 倍到 3 倍到 4 倍再到 5 倍。如果食物充足，更多的孩子得以幸存下来，但结果可能只会导致更多的死亡。人类总是遭受饥荒，1779 年，马尔萨斯总结道：

> 由于人类比其赖以生存的地球具有更强大的力量，以至于过早死亡会以某种方式来到人类当中。杀婴、堕胎、避孕，这些人类的行为都在减少人口数量，它们是毁灭人类的先驱，经常凭一己之力就足以完成。但如果不幸赶上了传染病、流行病和瘟疫，这些灾难也会使成

千上万的人失去性命。未来还会有不可避免的大型灾荒，当世界的人口和粮食达到平衡时才算是好的结果。[11]

马尔萨斯精确地描述了人类所处的困境。但他低估了启蒙运动和自由给人们带来的创新能力、解决问题的能力和改变现状的能力。当农民拥有个人产权，他们就有动力去创造更多的财富。开放边境和贸易自由，也促使该地区的人们开始专门生产更适合当地土壤、气候和技术的特定产物，农业技术也得到了改进。尽管人口还是迅速增长，但食物的供应量增长得更快。英国和法国的人均摄入热量从17世纪中期的1700卡路里—2200卡路里已经增长到1850年的2500卡路里—2800卡路里。饥荒也开始消失。瑞典在20世纪早期就宣布已经摆脱了连年饥荒这一问题。

但是，美国食品局在1918年出版了一本《欧洲饥饿地图》，书里写到第一次世界大战末期欧洲食品安全带来的隐患。像英国、法国、西班牙和北欧的一些国家被认为“现在有足够的食物，但未来会严重（短缺）”。在意大利，食物已经短缺了，芬兰、波兰、捷克斯洛伐克这几个国家经历着如饥荒一般的状况。“要记住”，书里提到：“在地图上这些国家只不过是小小的轮廓，但却意味着成千上万的人正遭受饥饿之苦。”[12]

人造化肥是用来对抗饥荒最强大的武器之一。氮可以帮助植物生长，粪便里含有氮，但是数量并不多。超过一个世纪，各地的农民都在使用来自智利海岸堆放了几个世纪的鸟粪，其中含有大量的硝酸钠（提供植物吸收的氮肥），但数量还是不够。科学家和企业家认为，肯定有一种能从含氮量丰富的大气里提取氮的方法。

在巴斯夫公司工作的德国化学家弗里茨·哈伯是解决此问题的第一人。依靠理论和几年的不断试验，他在 1909 年将氢气和大气里的氮成功合成了氨气。但问题是，这只适用于小规模生产，他并没有找到适合试验所需的温度和压力的大容器。来自巴斯夫公司的另一个同事卡尔·博施（Carl Bosch），在二十多个反应器里做了超过两万个试验后，最终得到工业合成氨气的正确步骤。哈伯—博施流程让人工化肥变得便宜又高产，很快就运用到全世界。

“20 世纪最重大的技术发明是什么？”瓦科拉夫·斯米

尔在《富饶的地球》(*Enriching the Earth*)里问道。他不同意诸如电脑、飞机等此类答案，而是进一步解释没有比工业固氮更重要的发明："这是最能影响世界人口变化的因素，它使世界从1900年的16亿人口增长到如今的60亿人口，没有工业合成氨的话，这根本不可能做到。"如果没有哈伯—博施流程，世界上大概五分之二的人口不会存在。[13]

可悲的是，弗里茨·哈伯出众的智商却也做了坏事。他是化学战的先锋，发明氯气帮助德国军队对战敌军。1915年4月22日，在第二次伊普尔战役中他亲自施放致命气体，导致6000名法国士兵丧命。哈伯说："和平时期的科学家属于全世界，但在战争时期他只属于自己的国家。"[14]他比其他人拯救了更多的生命，但也有大规模的人因他而生命终结，这或许是反战的最好论据之一。

人工化肥也是有缺点的。氮促使一切生物生长。农业径流导致藻类疯长，而藻类消亡时会消耗溶解氧，这严重地影响了其他有机物，那些不能从环境逃脱的生物，要么承受生态压力，要么就灭绝。在过去的半个世纪，从墨西哥海湾北部到波罗的海，我们看到越来越多的"死亡地带"，所以部分国家对氮肥的使用有更严格的要求。

与此同时，其他的农业技术也得到了改进。150 年前，1 吨谷物的收割和脱粒需要耗费 25 个人一整天的时间。有了现代联合收割机，一个人只需 6 分钟就能完成工作。换句话说，科技提高了 2500 倍的生产率。之前挤 10 升牛奶需要 1 个半小时，而现代的挤奶机器耗时不到 1 分钟。[15] 贸易扩张，先进的设备，便宜的电费和燃料，食品包装和冷冻，这些因素让食物从过剩地区运输到短缺地区成为可能。在美国 19 世纪晚期，一户人家每年购买食物所需要的运输时间需要 1700 个小时，在今天则不超过 260 个小时。[16]

19 世纪中期的西欧，人们每日摄入的平均热量在 2000 卡路里到 2500 卡路里之间（低于当今非洲的数值），在 1950 年却已经达到 3000 卡路里。平均身高是衡量健康与否的一个指标——如果没有充分的营养，身体发育会迟缓。历史记录显示，直到 1870 年，西欧地区的平均身高和世界其他地方的差别并不大。但是在这之后，西欧地区的平均身高每 10 年大约增长 1 厘米——从开始的 167 厘米增长到 100 年之后的 179 厘米。[17] 这对健康非常重要，高的人通常活得更久，儿童获得更好的营养就能够抵御疾病，更有机会存活下来。

把我们从马尔萨斯的噩梦中解救出来的不仅是粮食的增长，还有低生育率。随着人们愈加富裕，受教育的程度越高，他们养育的小孩会更少而不是更多。美国的生育率从1800年平均每位妇女生育7个小孩，暴跌到1900年的3.8个小孩，再到2012年的1.9个小孩，已经低于人口替代率了。这个趋势在西方国家都是一样的。当小孩的健康得到改善，活到成年的可能性大大增加，加上人力资本价值增加，这从经济学的角度可以理解为，生育更少的孩子为的是让他们可以享受到更好的教育。这与马尔萨斯的论点恰恰相反：粮食生产激增，但人口增长却放缓。

这是人类历史上第一次解决粮食问题。在某些地方甚至出现了相反的问题，那就是肥胖。但仍然还有许多人认为，让世界上所有人都吃饱那是不可能的。由于死亡率急剧下降，全球人口数上升，20世纪50年代到80年代中期，世界人口从25亿翻倍到50亿，不少新马尔萨斯派预测会发生大范围的饥荒。“养活全人类的战斗已经结束。”保罗·埃利希在1968年写的《人口爆炸》（*The Population Bomb*）一书中提到："70 年代世界又会遭受饥荒，到时数以万计的人将会饿死。"[18]而在《饥荒 1975》(*Famine 1975*) 这本书里，作者威廉和保罗也猜测，15 年之后将会发生灾难性的饥荒。[19]

然而，恰恰相反。当他们说人类在这场战斗中失败的时候，我们取得了巨大的成功。没有人比艾奥瓦的农业科学家诺曼·博洛格更勇敢，他致力于解决全球饥荒问题。潘尼和特勒的真人秀节目《胡扯》中，有一集的游戏是关于"历史上的伟人"，台面上有伪装者、宗教领袖、总统和革命英雄。和扑克牌类似，每个玩家根据自己的牌出牌，但也许会虚张声势。潘尼抽到了一张牌立刻全部押进，他知道自己肯定能赢，因为他幸运地抽到了诺曼。

博洛格和他发起的绿色革命故事开始于 1944 年的墨西哥，那时他为洛克菲勒基金会的农业发展项目效力。[20]项目的初衷是指导墨西哥农民采用新的种植方法，但博洛格一直专注研究更好、更高产的农作物。他生长在美国中西部，并且注意到，如果农民掌握了农业高产的方法，沙尘暴和歉收对耕作的影响力则会减弱，他希望更多的国家受益于此。

在试验了成千次小麦杂交育种之后，博洛格终于成功培育出了高产、抗虫的杂交品种，并且该品种对日照光不敏感，可以广泛应用于不同气候的地区。还有一点很重要，它是半矮秆小麦，这样可以避免能量被大量浪费在不可食用的秸秆上，并避免倒伏。当博洛格向农民介绍新品种时，还同时展示了如何使用现代化灌溉技术和人工肥料提高产量。新型小麦很快传遍墨西哥，惊喜的是，1963 年的收成是 1944 年的 6 倍。转眼间，墨西哥成了小麦净出口国家。

博洛格一生大部分时间都在发展中国家工作，传播这些技术，也一直在和当地的风俗、封建传统、当地人对西方的仇视，以及西方人自己作斗争——西方人经常声称，更好的食物供应链会导致人口过剩，最好还是让大自然来做这项工作。

1963 年，正当印度和巴基斯坦面临大规模饥荒威胁的时候，博洛格搬去了那里。他立刻从墨西哥订购了 35 卡车的高产种子运往洛杉矶，并从那儿通过海运。首先，车队被墨西哥警方阻拦，接着因为种子进口的禁令在美国边境又被拦截，然后由于港口的骚乱，国家警卫队暂停了港口运作，但最终，船还是航行了。这还仅仅是问题的开始，“我去睡觉的时候想着问题终于解决了，”博洛格说道，“一觉醒来，印度和巴基斯坦之间的战争爆发了。”

博洛格和他的团队不知疲倦地在战乱期间工作，播种的时候还能看到炮火的光。尽管种植时间迟了，还有许多物流方面问题的影响，当年的产量还是上升了 70%，足以避免战争带来的饥荒问题。由于战争带来的饥荒风险，他得到了两国政府的许可，开始了更大规模的种植，下一轮收成的结果更好，粮食状况也在掌握之中。但突然间，从麻袋到火车所有东西都短缺，也没有劳动力去收割。一些学校不得不暂时关闭，以用于粮食储存。

就在这些烂摊子发生之后的几年，印度和巴基斯坦生产的燕麦可以自给自足了。如今小麦的产量已经是 1965 年的 7 倍。尽管人口也在快速增长，但这两个国家的粮食状况仍然比之前好太多。

博洛格也说服许多政府按照粮食的市场价格给农民付款，而不是强迫农民低价、定价出售——这项被广泛应用的价格监管的政策，旨在帮助城市人口，但却导致粮食减产和饥饿问题。受博洛格成功的鼓舞，他的同事也发明出高产的水稻品种，迅速传遍亚洲。

这就是“绿色革命”，给贫穷国家提供高产谷物品种，促进粮食增长，以缓和农村贫困问题。1961 年全球的人均日摄入热量为 2200 卡路里，从那之后增加到 2800 多卡路里。那时包括伊朗、巴基斯坦、中国和印度尼西亚在内的 51 个国家，平均每人每天的摄入热量低于 2000 卡路里，而到 2013 年，就只剩赞比亚一个国家是这样。即使过去几年粮食价格上涨，但当前的世界农产品价格（根据格里利 - 杨价格指数测量）仍是 20 世纪早期的一半。

根据联合国粮食及农业组织（FAO）报道，1947 年有近 50% 的世界人口处于长期营养不良状态。[21] 在那时氮肥已经被广泛应用，许多中低收入的国家开始实现农业现代化。1969 年到 1971 年，据联合国粮食及农业组织估计，发展中国家有 37% 的人口营养不良，而如今这个数字已经减到 13%。

从 1990 年到 1992 年，中低收入国家的长期营养不良比例，从 23% 降到 13%，2 亿 1 千 6 百万人口不再遭受饥饿。

表 1　营养不良的人口比例

	1969-1971	1979-1981	1990-1992	2000-2002	2014-2016
拉丁美洲	20	14	15	11	6
亚洲	40	30	24	18	12
非洲	34	31	28	25	20
发展中国家	37	28	23	18	13
世界	29	19	19	15	11

资料来源：联合国粮食及农业组织，2003，2015

与此同时，世界人口也增加了 19 亿，联合国粮食及农业组织估算，在过去的 25 年里，大约有 20 亿人摆脱了饥饿。

秘鲁在这一方面取得的成就比其他国家更为显著。自 1990 年以来，秘鲁营养不良的比例下降了 76%。如今，470 万秘鲁人不再经历营养不良，原因之一是秘鲁引入了开放的贸易体制、产权和交易改革，这让更多的农民获得信贷，激励他们去完善农场，因此农业生产率突飞猛进。越南也实行了类似的改革，包括开放大米市场和减少农业税，解决了超过两千万人营养不良的问题。

非洲的情况最为糟糕，在1990年到2014年的这段时间，非洲饥饿人口比重从 33% 下降到 23%，但由于人口的增长，长期营养不良的人数却多了近 4500 万。不过，非洲还是有一些成功的案例的。虽然尼日利亚的人口从 1990 年至 2015 年增长超过 8000 万，但营养不良的人数却下降了 800 万左右。安哥拉、喀麦隆、莫桑比克等国家的营养不良比重也削减了 50% 以上。

第二次世界大战之后，发展中国家的平均身高开始上升，正如之前发达国家的情况一样。东亚从 20 世纪 30 年代的 166 厘米上升至 80 年代的 172 厘米，日本在 50 年内就涨了 10 厘米。相比之下，撒哈拉以南的非洲地区，60 年代至 80 年代的平均身高却下降了 1 厘米。有趣的是，身高和人均 GDP 有明显的相关性（尽管在富裕国家这点较为稳定）。[22] 营养不良会阻碍儿童的生长发育，而儿童生长迟缓率自 2000 年来已经下降了 25%。[23]

据估计，在 20 世纪的头 10 年，每年有 310 万儿童因为营养不良死亡，50 年代至 60 年代，由于人口增多，儿童的死亡数字增加到 400 万人。但从那之后开始迅速下降。到了 21 世纪的头 10 年，有 170 万儿童死于营养不良，这仍旧是令人震惊的高数字，不过 50 年代之后，尽管世界人口翻了

1 倍多，但儿童营养不良的比例却下降了 60%。[24]

集约化农业也带来了负面的影响，比如过度开采地下水，以及氮肥对水体的污染。好在“绿色革命”成功地保住了原始土地，使其未被转变成农业用地。1700 年到 1960 年，由于人们利用森林和草原耕作提供食物，耕地面积扩大了 4 倍。但随着固氮和新品种种子的问世，相同面积的土地能生产得更多。地球作为一个整体，其食物产量首次不再与使用的土地范围挂钩。

1961 年到 2009 年，耕地面积增加了 12%，但农业产量却翻了 3 倍。据估计，如果农业产量要保持相同的水平，则需要多开发 30 亿公顷的农业用地，大约是美国、加拿大和中国面积的总和。人工化肥造成海洋生态系统溶解氧耗损，但它却也避免人类变成濒危野生动物，不然我们的地球将变成“光头地球”。[25]

由于博洛格为世界解决饥荒问题所做出的卓越贡献，他于 1970 年获得诺贝尔奖。美国参议员鲁迪·博希威茨（Rudy Boschwitz）是这么评价他的：

诺曼·博洛格博士是历史上第一个拯救了10亿人生命的人。但同时，他在保护野生动物和生物物种多样性方面也有功劳，如果没有他开创的高产农业，全球约1932万平方千米的森林会被用来耕作。这两项成就让他无与伦比的伟大。[26]

尽管如此，现代化农业技术仍然饱受争议，一些环保人士从原则上反对人类不顾一切过量使用氮肥。目前我们同样看到人们对转基因作物的质疑，虽然产量可以因此进一步提高。环保人士的举动影响着非洲大陆，他们对大基金会和世界银行施加压力，迫使他们放弃考虑“绿色革命”，而这一点恰是博洛格认为的当务之急。现在非洲是唯一一个存在营养不良、人口持续上涨的地区，野生动物也因为刀耕火种的农业方式而消失。

博洛格对此感到非常愤怒：

某些环保游说团体是西方国家的社会中坚力量，也有不少精英人士。他们从来没有体会过饥饿的感觉，就在华盛顿或者布鲁塞尔舒适的办公室里陈述自己的意见。

> 如果他们亲自体验 1 个月发展中国家的生活，正如我已经生活了 50 年，他们肯定会迫切需要拖拉机、肥料和灌溉渠，并且对时髦精英一直否认这些东西感到愤慨。[27]

自20世纪90年代初以来，博洛格在美国前总统吉米·卡特和日本慈善家笹川良一的帮助下，成功以私人渠道资助了几个非洲项目。起初，博洛格认为，他们应该花上几年的时间做调查，但当他看到情况如此糟糕后，他改变主意，决定立刻行动，并确立玉米产量翻 3 倍的目标。埃塞俄比亚是他最成功的项目之一，从 1990 年到 2015 年，饥饿人口数量减半，是少数完成千年发展目标的非洲国家之一。尽管人口增加了超过 4000 万，但如今遭受长期饥饿的埃塞俄比亚人相比起 1990 年还要少 600 万。

“绿色革命”最重要的影响，是从长远的角度减少了人口需求。低生育率使人口发生转变，且转变已经从西方国家开始蔓延到发展中国家。新马尔萨斯主义声称这根本不可能发生，但事实上，中低收入国家发展的速度更快。

对比 1950 年到 1955 年以及 2010 年到 2015 年的生育

率，每个妇女生育孩子的数量从 6.1 个下降至 2.6 个。前所未有的人口转变在西方国家用了 200 年，而在发展中国家只用了60年。在东亚，生育孩子的数量从平均5.6个减少到1.6个，南亚则从 6 个减少到 2.6 个；拉丁美洲的数字从 5.9 个减少到 2.2 个。转型缓慢的地区，财富、健康和教育方面的进步也是最缓慢的。但即便如此，在撒哈拉沙漠以南的非洲生育孩子的数量也从 6.6 个下降到 5.1 个。根据联合国预测，到 2030 年还会进一步下降到 4 个，而 2050 年将只有 3 个。[28] 每公顷粮食产量的提高和家庭人口的减少意味着停止开垦更多的农田，这对生物多样性的未来也是一个福音。

比减少长期营养不良更好的消息就是重大饥荒的消失。在过去的 140 年里，有 106 次导致超过 10 万人死亡的大规模饥荒发生。1900 年到 1909 年，有 2700 万人死于饥荒，20 世纪 20 年代到 60 年代之间，每 10 年都有超过 1500 多万人因饥荒而死亡。这些饥荒通常部分或者完全由人为因素造成。[29] 最早期的帝国主义政策废除当地农业生产和贸易，迫使农民生产出口商品。20 世纪三四十年代的亚洲由于战争饥荒使数百万人丧命。

20世纪90年代大饥荒造成的死亡人数下降至140万，从21世纪开始到现在，被饿死的人大约有60万，是100年前的2%，尽管世界人口是当时的4倍多。武装冲突是造成当今世界饥荒的原因，像是苏丹、索马里和刚果共和国等国家。

2

公共卫生

Sanitation

这是多么美好！好比我们的消化能力，默默地进行但又不容忽视，好比一切的支柱。是的！最富有诗意的，比鲜花美妙，比星空浪漫——世界上最棒的事情莫过于身体健康。

——吉尔伯特·基思·切斯特顿[1]

食物并不足以维持生命。我们还需要一种安全、可靠的方法来处理垃圾和废物，如果不够安全，那么我们的生活将不仅变得痛苦，还有可能会极为短暂。

水是所有生命之源，但从古至今，它也是让人患重病的根源。一旦水被人类的排泄物污染，即使只是微量的，它也可以传播细菌、病毒和寄生虫。在 17 世纪咖啡问世之前，缺乏安全饮用水是让啤酒和葡萄酒流行的其中一个原因，至少酒精不会要了人们的命。

追溯到古希腊时代，人们已经意识到，用酒处理伤口比用水处理伤口更不容易受到感染。伤寒病的传播是由于接触了被伤寒患者粪便污染的食物或水，这种病在感染者中的死亡率是四分之一。在公元前 430 年，每 3 个雅典人中就有一个因为伤寒而丧失生命，黄金时代也就此终结。维多利亚女王的丈夫阿尔伯特亲王，同样因患伤寒病去世，享年 42 岁。19 世纪早期开始，印度次大陆的霍乱蔓延和被细菌污染的水资源已经夺走数百万人的生命。

安全的水资源不单是为了饮用，对个人和家庭日常的卫生还有食物的准备至关重要。目前，世界上大部分的疾病仍然是由水污染引起的。据世界卫生组织估计，在低收入和中等收入的国家里，还有几乎一半的人口正在遭受因缺乏安全水资源和卫生设施而引起的疾病。事实上，腹泻是造成 5 岁以下儿童死亡的主要原因。

一本健康类教科书里提到："虽然难以量化，但是目前，世界上主要的环境与健康问题还是因为使用和饮用不安全的、被微生物污染的水，加上缺乏对垃圾、粪便和尿液足够的卫生处理。"[2]

在中世纪的英国村庄，人们家中还没有厕所，人们必须得到离房子有一段距离的地方去上厕所，有的使用夜壶，也有的在沟渠上搭建简易的设备。在一些权贵的家庭里，厕所通常建在饭厅底下，这令每一顿饭都透着一丝危险的气息。比如，1183 年，神圣罗马帝国的皇帝弗雷德里克二世在德国埃尔福特的一座城堡里大摆筵席，正当客人们用餐时，大厅的地板开始下沉，许多尊贵的客人掉进了下面的粪坑，并淹没在粪浆里。

许多文明社会已经在使用冲水马桶，其中包括罗马帝国，但新式的盥洗室是由伊丽莎白女王一世的教子约翰 · 哈

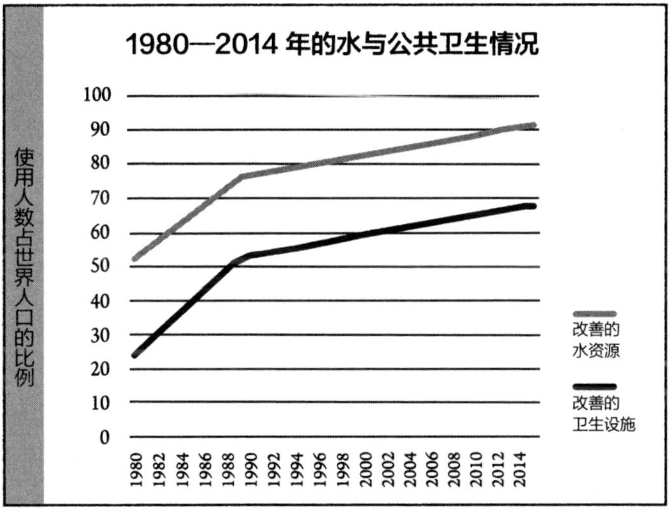

资料来源：WHO 1995，2015 [3]

注：改善的水资源是指水不受外界污染；改善的卫生设施是指避免人类接触粪便。

灵顿在 1596 年为女王发明的。然而没有一个完备的下水道系统，冲水马桶并不能起到很大作用。室内管道和盥洗室的普及则需要再花上 300 年。由于卫生系统还不完善，导致那个时代的凡尔赛宫和法国皇宫的通道一片狼藉。的确，凡尔赛宫的树篱弄得那么高，完全是为了可以隔断当作厕所。一位 18 世纪的作家形容凡尔赛宫是个“装满了人类污物的大容器——通道、走廊和庭院都是尿液和排泄物”。[4]

直到现代社会以前，洗澡并不常见，甚至一度被认为是具有争议的话题。西班牙把洗澡当作穆斯林的一种习俗，法国人认为洗澡会让人体皮肤软化、毛孔打开，这样更容易得病。但后来，上层阶级开始经常更换贴身的衣物，也有些人在早期就养成洗澡习惯。据记载，女王伊丽莎白一世每个月都会洗一次澡。还有一位英国上层阶级在 1653 年的日记里写道，他将开始尝试每年洗一次头发。[5] 到 1882 年，仅有 2% 的纽约家庭有自来水系统。[6]

由于不少水井是靠近农舍挖的，这意味着水井离院里的猪圈和化粪池非常近，所以会有各种各样的物质渗透到地下。但还是城市里的卫生问题更为突出。有人形容当时的欧洲大城市满是人类和动物的粪便，河流湖泊也因布满了垃圾而散发出恶臭。不少来自农村的人对大城市的第一个印象就是恶臭，垃圾被随意扔在街上，任由雨水冲刷到各处。在 1900 年的时候，纽约市因每天有超过约 1134 吨的马粪和约 227 立方米的马尿而臭气熏天，街道上也被这些污物覆盖着。[7]

河边和小溪边上建造的厕所会污染到水源。如果没有河，人们则会把废物扔到污水坑或者街上。当行人听到“泼水啦”（Gardyloo），马上躲起来。这个短语取自法语的“注意有水”，这就是当人们往窗外泼脏水前向过街的人发出的唯一警告。

瑞典皇家剧院和附近的湾区是整个斯德哥尔摩最优美、繁华的地段。在晴朗的夏日，你可以漫步在岸边，波光粼粼的水面上游船来往不断，载着游客驶向不同的小岛。很难想象 200 年以前，这里是城市的一个下水道，船长时不时抱怨垃圾和碎片——它们让河面淤堵，使得开船变得更加困难。在 1827 年的某一天，一位医生路过，看到妇女正在河边用这么脏的废水来清洗衣物，他感到非常震惊：“当看到我们平常用的卫生床单居然在新桥水道里清洗，我惊讶得说不出话了。这里的水不仅混合着粪便，还有铅污染。但是更令人感到恐慌的是，人们甚至用这里的水做饭。”[8]

早期的公共卫生运动并没有找到其对应的科学依据，只好依靠“瘴气”理论——就是如果有难闻的气味就说明这里不利于健康。尽管潜在的理论是错误的，但却蕴含着一个事实，即如何让人类的排泄物得到安全的处理以及如何让水不散发出恶臭，是保证水源安全的重要条件。不幸的是，有时候事情变得更糟糕。伦敦早期的下水道系统是把化粪池建在地下室，但他们却把未经处理过的污水直接排放到泰晤士河——这里同时也是整个城市的饮用水来源。霍乱又被循环到供水系统里。1848 年到 1854 年，伦敦爆发的两次霍乱让 25000 人丧失了性命。

这场悲剧也造就了世界上最伟大的医学实验之一，经济学家安格斯 · 迪顿认为这是人类历史以来具有重大意义的一个发现[9]。约翰 · 斯诺（John Snow），一位来自伦敦的医生，他猜测霍乱可能是通过水而不是空气传播的，他详细比对这些死亡案例并得出了启示——所有的霍乱病例都来自同一个供水公司，这个公司的入水口是在下水道排水的下游位置，而把入水口转移到更干净的上游处的供水公司则没有发现任何死亡案例。这一结论说服了当地政府禁用那些可能被污染的水井。水传播疾病的发现挽救了无数人的生命。

“伦敦大恶臭”事件进一步推动现代化排水系统的发展。1858 年夏天，炎热的天气让泰晤士河的味道更加恶化，散发出来的恶臭不得不让国会大楼里的窗帘用漂白粉浸泡以缓和气味。财政部大臣本杰明·迪斯雷利把泰晤士河比作希腊神话中的地狱之河——弥漫着强烈恶臭与恐怖的阴暗河流。

19 世纪晚期到 20 世纪早期，许多城市兴建了供水系统和排水系统，同时开始了系统化的垃圾收集。不断增长的财富让这些昂贵的风险投资变成可能。20 世纪前半期，疾病微生物理论被接受之后，过滤和氯化让水供应有了重大并有效的改变。这一时期美国的人口预期寿命比历史上任何时候的增长都要迅猛，干净的水源起到了决定性的作用。一项研究发现，干净的水源可以降低 43% 的总死亡率、74% 的婴儿死亡率和 62% 的儿童死亡率。[10]

在低收入和中等收入的国家，技术转变会来得比较晚，但一旦开始，其发展速度会超过最先拥有这些技术的富裕国家。1980 年到 2015 年，获得改善水源的世界人口比例从 52% 上升到 91%。自从 1990 年以来，已经有 26 亿人可以获取到经过净化的水资源，这意味着 28.5 万人在过去的 25 年里每天都能享受到健康的水资源。在你读完这一章节的时候，另外有 300—900 人将获得人生第一次的安全饮用水。

事实上，在过去的 30 年里，低收入和中等收入国家只有 41% 的供水覆盖率，现据准确数据记载，供水覆盖率少于 50% 的只有 3 个国家：纳米比亚、赤道几内亚和巴布亚新几内亚——1990 年这些国家的供水覆盖率只有 23%。如今，水供应已覆盖世界上 96% 的城市人口和 84% 的农村人口。[11]

1980 年，仅有不超过 24% 的世界人口得以使用适当的公共卫生设施。到 2015 年，这一比例上涨到 68%。当前接近三分之一的人口，也就是 21 亿人，在过去 25 年里已经可以使用公共卫生设施，其中包括 82% 的城市居民和 51% 的农村居民。但是在农村地区，仍然有四分之一的人在露天排便，尽管和 1990 年的 38% 相比有所下降。印度、巴基斯坦、孟加拉和越南这些国家露天排便的比例从 1990 年到现在已经下降了约三分之一。

经过不懈的努力，全世界因腹泻死亡的人口量从 1990 年的 150 万减少到了 2012 年的 62.2 万。但是不发达的条件还在折磨地球上数以百万的人。6.63 亿人仍然缺乏改善的水源，并且依赖不安全的井水、泉水和地表水，仍有 24 亿人使用未改善的公共卫生设施。

在现代，导致水资源短缺的主要原因不是由于水不够，而是错误的政策和缺乏适当的技术。弗雷德里克·赛格菲尔德在一本关于水价的书里面指出，像柬埔寨、卢旺达和海地这些国家，尽管降雨量比澳大利亚还要丰富，但却不能提供足够的安全水源。而在澳大利亚，每个人的水源需求都能得到满足。印度的乞拉朋齐是地球上降雨量最多的地方，但水资源却一再缺乏。[12]

在发展中国家，超过 82% 的淡水资源被用于农业，而只有大约 1% 的农业灌溉使用最有效的滴灌系统，大部分农业用水被浪费掉。主要的一个问题是水价格偏低，甚至有时候是免费的，这样不但不鼓励节水技术的投资，还导致了水的过度使用。联合国发展署指出:“如果市场低价销售保时捷车,它们也会供不应求。”[13]

更好地使用水不仅仅是为了健康,还为了改善生活条件,特别是妇女的生活条件。在许多地区,妇女需要负责整个家庭的用水。据统计,非洲的妇女每年需要花费 400 亿个小时用于打水和搬水,而这些时间她们本可以用来工作、休息和照顾小孩。年轻女孩不去上学的一个普遍原因就是她们需要到离家很远的地方取水,另一个重要的原因是学校里没有适当的卫生设施。[14]

在撒哈拉以南的非洲地区,水和卫生设施不完善的情况最为严重。当我走进肯尼亚首都内罗毕的基贝拉——非洲最大的贫民窟之一,发现这里的居民每天花费 1 个小时甚至更长的时间来寻找供应水的地方,然后排队等待。水消费占到一些人收入的十分之一甚至五分之一。基贝拉的居民从未享有过土地使用权的授权,因此这里都是违法建筑,个人财产安全没有保障。

在基贝拉到处都是开放式下水道。每当下雨时,垃圾都会流经街道。此处的卫生设施不是厕所而是茅坑——在地上简单地挖一个坑，加上木板好让人们把脚踩在上面。由于几百个人共用一个茅坑，所以茅坑很容易就堆满垃圾，散发出难闻的尿味。人们把茅坑里的垃圾扔到河里，清空后继续使用。妇女不敢去，尤其是晚上，小孩也担心会掉进去，但悲剧却经常发生。

基于以上原因，在基贝拉，人们发明了自己独特的“方便”方式——空中厕所。基贝拉人用黑色的塑料袋装大小便，然后在晚上的时候，把它们扔到离家尽可能远的地方。邻居们轮流比赛扔塑料袋，直到距离远到大家都看不见。有时雨水会把这些塑料袋冲到河里。早上你可以在小巷和屋顶（同时也是居民们收集雨水的地方）看到成堆的空中厕所。孩子们还会把这些塑料袋当球来玩耍。

这种不安全的便溺方式，给基贝拉和其他贫民窟带来了疾病和死亡。基贝拉常见的疾病全部和环境相关，婴儿死亡率是内罗毕其他地方的 3 倍。连当地的卫生工作者都承认自己一直使用空中厕所：“晚上的基贝拉特别暗，都不敢出门，因为有可能掉进废弃的茅坑里。对于女性而言，永远不敢保证自己不会被强奸。”[15]

但情况正在改变。两条水管已经建造完成，所有的基贝拉人可以不用依赖不安全的大坝水和雨水。企业和非政府组织也为贫民窟建了几个现代化的卫生设施，在这里，居民可以低价享受到干净的厕所和热水澡，学校开始引进设备，方便孩子们洗手。伤寒、痢疾和寄生虫的病例数正在下降，婴幼儿的死亡率也将会得到改善。

撒哈拉以南的非洲地区使用改善饮用水的比例从 1990 年到 2015 年实现了 21% 的增长。在此期间，4.27 亿非洲人得以饮用安全的水资源。[16]这个过程太慢了，可能算不上新闻，但值得注意的是，这一进步的过程比之前发生在世界最富有的国家的速度也要快得多。2003 年到 2013 年，肯尼亚的人口预期寿命增长了将近 10 年，平均来说，肯尼亚的每个人都能再多活个 10 年。

3

预期寿命

Life Expectancy

这样的绝境里，我只有一个选择：用科学来解决一切。

——马特·达蒙《火星救援》

纵观人类早期历史，生命是肮脏、野蛮和短暂的。由于疾病、粮食不足和缺乏卫生设施，人只有非常短暂的一生。

很多人在婴儿或者儿童时期就夭折，母亲也经常因为难产去世。死亡率高不仅是因为暴力盛行，还因为传染病、不安全的水资源和糟糕的卫生条件。即使在城市里，人们同样和动物为邻，而粪便会污染水资源。

许多人住在阴暗潮湿的木屋里，睡在木地板上。看起来很浪漫，但由于搭建用的木头还没风干，只有一个特别小的窗户，屋子又几乎不通风，造成室内有大量的灰尘和虫子。正如一位历史学家所说：“从健康的角度来看，唯一对他们有利的就是这房子很容易被烧毁。”[1]

由于空气传播、身体接触，或者是老鼠身上的虱子，所有大型城镇都经常遭受瘟疫和其他传染病。这些疾病造成五分之三的病患死亡。最大的悲剧莫过于 14 世纪中期的黑死病，大约有超过三分之一的欧洲人口死亡，疾病扫荡了整片村庄。伦敦的目击者描述：身体健康的人突然就病倒，在圣烛节（1349 年 2 月 2 日）到复活节（4 月 12 日）期间，几乎每天都有超过 200 具尸体被埋在史密斯菲尔德旁边的新墓地，除此之外，还有尸体埋在了城市其他教堂的墓园里。[2]

对一些人来说，这似乎就是世界末日。1349 年，一位爱尔兰僧人被死亡包围着，他试图用自己的文字记录这次事件："我把羊皮纸留下，如果有人存活下来，任何逃脱这次瘟疫的上帝之子请继续写下去。"这段话之后，抄写员留下一条笔记："似乎作者写到这里的时候已经去世了。"[3]

虽然这次黑死病是最具毁灭性的，但直到 18 世纪以前，城镇还在一次又一次地遭受瘟疫的袭击。据报道，法国东部的贝桑松在 1439 年到 1640 年发生了 40 次瘟疫，每当听到爆发瘟疫时人们便立刻逃走，留下穷人和弱者。法官、律师、官员和其他重要人士则抛弃他们的城市，留下居民自己和瘟疫作斗争。城市被洗劫一空。红色粉笔画的大叉用来标记发生疫情的房子。尸体被扔到推车上，装上船只，出海焚烧掉。更极端的是，街道尸横遍野，野狗撕咬着腐烂的尸体。

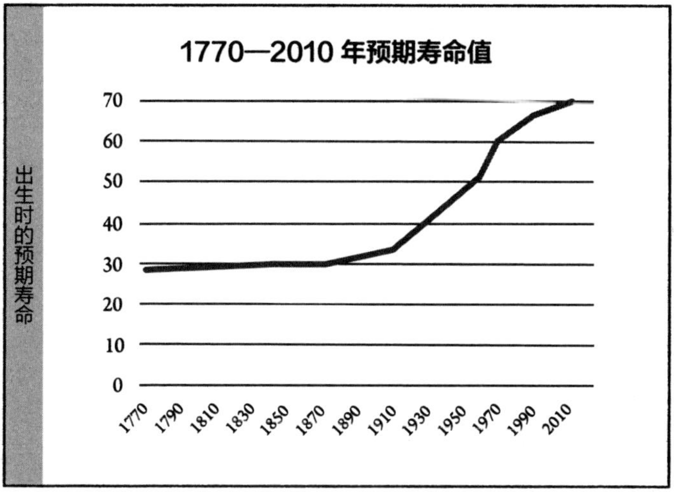

资料来源：罗泽，2016

1586 年，当瘟疫来临时，散文家蒙田作为波尔多市的市长不得不离开。他和他的家人在外游荡了 6 个月以寻找栖身地，但无论他们走到哪儿，都会引起老朋友的惊恐和害怕。萨沃伊的富人在回家之前，会先让穷人像豚鼠一般，在消过毒的房子里待上几周。英国日记作家塞缪尔·佩皮斯写道："瘟疫让我们变得残忍，如动物般自相残杀。"[4]

肺结核是一种肺部的传染病，从 17 世纪开始蔓延整个欧洲，19 世纪成为人类的主要杀手。有人估计，肺结核是将近四分之一人口死亡的原因。天花，是另一个引发死亡的主要原因，它在大城市里长期存在。规模小一点的城镇和村庄没有看到灾情，但这仅仅是因为流行病发生时整个片区因此消亡。

在循证医学之前，祷告是最常见的“药”。富人能请得起最好的医生，但两千年来，除了临床态度和放血治疗，医生没能提供更多的帮助，瘀血被认为是引起发烧、头痛、中风和其他疾病的原因。医生用橡胶管扎紧病人的手臂使静脉清晰可见，然后刺破血管，放出适量的血液。有时还用水蛭来吸血，仅 1846 年这一年，法国的医生就用了 3000 万只水蛭。做手术也没有麻醉药。当19世纪中期手术开始普及时，由于还没有抗生素，许多人死于感染（无论如何医学界仍然认为瘴气是传播疾病的源头）。头部、胸部和胃这些部位不能安全地进行手术。万一感染，该部分会被截掉。没有针对性的药物或移植，衰老意味着丧失活动能力和视力。

在史前时代，依靠狩猎和采集为生的人们，预期平均寿命在 20 岁到 25 岁。[5] 虽然人们经过农业革命有了更稳定的食物供应，但这并没有很好地延长寿命，有的地方反而减少了——因为越大的人群定居地越容易接触到传染疾病和引起卫生问题。在古希腊和罗马帝国的古典文明社会，人的平均预期寿命在 18 岁到 25 岁，中世纪的英国平均预期寿命大约在 17 岁到 35 岁。[6]

全球化早期时候引发了可怕的流行病传播，之前人们被分隔开，但现在细菌开始交叉感染。欧洲人把天花带到了美洲，后又从美洲染上梅毒。蒙古军队携带瘟疫、霍乱病毒，随着印度商人的脚步传播到各地，19 世纪早期几千万人因此而丧命。在 19 世纪晚期之前，即使最发达的国家死亡率也并没有比其他地方好太多。19 世纪 30 年代，西欧的平均寿命是 33 岁，比起之前略有进步。而 1800 年之前没有一个国家的平均寿命超过 40 岁。

但令人惊奇的事情发生了。马克斯-普朗克研究所一个由奥斯卡 · 伯格（Oskar Burger）带领研究人类寿命问题的小组指出，自人类从大约20万年前开始进化，在过去八千代人里面仅有四代人在死亡率方面有了改变。从那时起，人类寿命延长的进展比科学家在实验室专门为其他物种通过改变饮食延长寿命的进展更快。[7]

在过去的大部分时间，经常有父母不得不埋葬他们的孩子，虽然人们必须坚强面对经常发生的死亡，但失去孩子对父母来说在任何时候都是一个沉重的打击。查尔斯·达尔文的10个孩子不幸去世了3个，当他失去大女儿安妮时惊骇的反应证明，无论死亡是多么普遍，无论是多么大的家庭，这样的悲剧对任何父母都是难以承受的。在19世纪早期的瑞典，5岁之前孩子的死亡率达到30%至40%，20世纪初的死亡率是15%，而今天只有0.3%。[8]

1900年世界的人均预期寿命是31岁，令人惊喜的是，如今已经可以达到71岁。同时多活的这些年，生活质量也变得更好。慢性病在今天的美国不仅没有像100年前那么严重，而且发病时间平均晚了10年。[9]

流行病学教授阿卜杜勒·奥姆兰（Abdel Omran）把人类与死亡的关系划分为三个有明显次序的阶段：[10]

1. **瘟疫和饥荒的阶段**：人类历史大部分都属于这个阶段，由于长期营养不良，流行疾病和诸如饥荒、战争等突发灾难，死亡率波动大，预期寿命在20岁到40岁之间摇摆不定。

2. **疾病大流行逐渐衰退阶段**：因为流行病的减少，人群死亡率也开始下降。平均寿命从30岁左右稳步上升到50岁。因此，人口数量也在持续增长。

3. **退行性疾病与人为疾病阶段**：传染性疾病变得越来越少，死亡率进一步下降，预期寿命也超过了50岁。生育率而不是死亡率成为人口增长至关重要的因素。我们开始担心癌症和更多心血管方面的疾病，这其实是个好消息，表明人们的预期寿命远远超过二三十岁。

世界上最富有的地区，往往也最能接纳世界各地的新知识，西北欧和它的分支最先从18世纪开始经历这些转变。其中之一是改善卫生条件。木屋被砖房和石头房取代，村庄开始把水资源和垃圾分开，动物也在房屋之外。卫生标准有了新的定义，人们开始养成洗澡的习惯，在18世纪早期瘟疫已经在西欧消失。

但医学和科技的发展也给健康带来巨大的变化。启蒙思想家鼓励采用试验的方法和循证科学，证明了放血之外还有其他更有效的治疗疾病的方法。

对抗天花的战争就是其中一个例子。天花是造成 18 世纪欧洲众多人死亡的原因——每年约 40 万人死亡，还有三分之一的幸存者失明。绝大多数得了天花的婴儿都无法活下来。在君士坦丁堡（现在的伊斯坦布尔），英国大使的妻子玛丽 · 沃特利 · 蒙塔古夫人在工作中见过人痘接种法，然后她开始认真研究。天花不仅杀死了她的弟弟，也让她自己满脸疤痕。她为自己的小孩接种，并把这个方法引入家乡。

具体方法是把天花病患者身上的脓包擦拭在病人手臂皮肤下，使病人患上轻微的天花病并产生免疫力。约有 2% 的人接种后死亡，但比起天花病患者近三分之一的死亡率，这已经是巨大的进步了。1721 年，英国皇室家族接种之后，这个方法被迅速传播，很快平民也能接种。

1757 年，一位 8 岁的男孩在格洛斯特郡伯克利小镇接种了天花痘，得了轻微的天花病，然后产生的免疫力救了他一命，让他逃过了后来的流行病。男孩的名字叫爱德华 · 詹纳。后来，他致力于寻求一种更好、更安全的方法。他听说奶牛女工传染上牛痘就再也不会得天花病，就开始给人们接种牛痘，使人们获得天花的免疫力。牛的拉丁语是 vacca，vaccinus 意思是来自牛身上的，所以詹纳给自己的新方法命名为“牛痘疫苗”（vaccination）。他坚持不懈地推广，直到 1800 年，大部分欧洲国家都可以接种疫苗了。

细菌致病理论是一项巨大的突破，让治疗措施更为集中。人类原本以为，小到看不见的微生物不可能引起疾病或死亡。但自然试验改变了原本固有的观点。19 世纪中期，匈牙利妇产科医生伊格纳兹·塞麦尔维斯发现，由医生接生的产房中的产褥热死亡率要明显高于由助产士接生的产房。他认为是医生进行尸检后直接进入产房将病毒传给了健康的产妇。他命令医生用消毒水洗手，这使分娩产妇的死亡率下降了近 90%。

显微镜让人类看见了微生物，而约瑟夫·杰克逊·李斯特（Joseph Jackson Lister）发明的消色差显微镜尤为重要。法国化学家路易·巴斯德证明微生物可以破坏牛奶和葡萄酒的品质，并且发明了一种防止细菌污染的技术——巴氏灭菌法。他还研发出了狂犬疫苗和炭疽病疫苗。

微生物知识开始占有一席之地，当务之急是要着手改善公共卫生和水资源，并普及疫苗接种。人们了解细菌之后，行为也发生了改变。在理论建立之前，酒店不会更换客人的床上用品，医生没有消毒就直接使用仪器，水没有被煮沸以杀灭细菌。花了一段时间医务人员才被说服去洗手和消毒工具，但实施之后，这对孕产妇的死亡率有惊人的效果。在瑞典和芬兰，1800 年时，每 10 万个小孩出生就有大概 1000 名分娩的母亲去世。这是令人震惊的：每 100 个分娩产妇中就会有 1 个产妇死亡，而那时母亲怀孕生小孩的次数比现在高得多，这样的危险在一个家庭里可能反复出现。100 年之后，每 10 万出生人口仍然有 500 名产妇死亡。但第二次世界大战之后，高收入国家降到 100 个以内，到了今天已经不足 10 个。在英国，这个数字从 1935 年的 458 个跌至 2015 年的 9 个。[11]

农业增产意味着人们可获得更多的粮食，对减少儿童感染疾病能起到重要作用，帮助小孩吸收足够的营养，有充足的体力去对抗发烧、腹泻和感染。西欧从瘟疫和饥荒阶段转移到疾病大流行逐渐衰退阶段，平均寿命值在 1880 年之后的 50 年里增长了 20 年，这是从未有过的。随着科学知识的传播，人们变得更加富裕，世界各地的人都活得更久。

避免细菌是有好处的，但最好是能杀灭细菌。否则细菌进入皮肤这个人体抵抗疾病的第一道屏障之后，膝盖擦伤这种小事都可能是致命的。青霉素问世之前，轻微的伤口就足以造成大量人死亡；还有小孩因为猩红热和感染死亡。

“1928 年 9 月 28 日，天空破晓之后我便醒了，当然没有预料到今天会发现史上第一种抗生素这个足以改变现代医学的细菌杀手，”英国微生物学家亚历山大 · 弗莱明曾经说道，“但我想这正是我想做的。”

弗莱明一直在研究葡萄球菌的特性，当他准备离开（以杂乱而闻名的）实验室去休假时，他把培养基叠在一起放到凳子上。休假回来之后，他注意到，有一个葡萄球菌的培养基长了一片真菌，并且杀死了周围的细菌。“这很有趣。”他说。

就在这天，他发现了抗生素。后来的人再进一步研发出了“特效药”青霉素。这使第二次世界大战末期 3000 名登陆诺曼底的盟军士兵免受坏疽困扰；抗生素让轻微但致命的感染变成微不足道的伤口，几乎消除了截肢的风险，也让现代手术和器官移植成为可能。同时，青霉素还可以用来对抗像瘟疫、肺结核和梅毒等古老的疾病。它拯救了成千上万个生命。

第二次世界大战之后，最富有的国家开始着手解决过早死的问题。自 19 世纪晚期，婴儿死亡率从 10%~ 25% 下降到 2%~5%。[12] 20 世纪 50 年代的西方国家平均寿命是 68 岁，而一个世纪前只有 36 岁。但中、低等收入国家居民的平均寿命仍然是 19 世纪末富有国家的水平，如撒哈拉以南的非洲的预期寿命只有 38 岁。超过 100 个国家有五分之一的婴儿没有活到 1 岁。

拯救西方儿童命运的方法和技术也开始被推广到世界其他地方。青霉素已经被广泛使用，像联合国儿童基金会和世界卫生组织等机构发起了疫苗接种活动，预防肺结核、白喉、麻疹和小儿麻痹症。全球儿童接种白百破三联疫苗的比例从 1970 年的五分之一上升到 2006 年的五分之四。[13] 天花在世界各国逐一被消灭,1980 年 5 月 8 日世界卫生大会宣布:“世界和它的人民赢得了这场对抗天花的战争，这曾是世界上传染性最强、最具破坏性的疾病，导致无数人死亡、失明和畸形。”[14]

人类在不久的将来有望彻底根除脊髓灰质炎这个可以导致肌无力、瘫痪甚至死亡的病毒。世界卫生组织、联合国儿童基金会和扶轮基金会在全球范围内发起疫苗接种活动之后，自 1988 年开始，每年的案例从 35 万个降至 416 个，减少了 95% 以上。疫苗同时也减少了 96% 的新生儿死亡和破伤风的比例。

疟疾也许是下一个将被消灭的大杀手。它曾经在 1900 年肆虐全球，在那一年夺走了 200 万人的生命。那时，发达国家为了消除携带疟原虫蚊子的繁殖地，排干或挖空了沼泽地。杀虫剂如 DDT 的广泛使用，帮助 100 多个国家消灭疟疾。近期盖茨基金会和其他组织努力在未来的几十年内终结疟疾传播。2000 年到 2015 年，全球疟疾的死亡率下降了近一半，其中儿童的死亡率下降最为明显。据世界卫生组织报道，共有 620 万儿童避免了不幸。

蚊帐、室内滞留喷洒和青蒿素为基础的组合疗法，是治疗疟疾的有效手段。非洲是受害最为严重的地区，但进展很快。使用蚊帐的人口数比例从不到 2% 上升至 55%。5 岁以下疟疾儿童的死亡率也已经下降了 71%。[15]

当今，艾滋病被视为新型的瘟疫。它悄无声息地传播，夺走无数的生命，我们试图击败它却屡屡失败。它看起来坚不可摧，其实只是因为我们太过心急。经济学家安格斯 · 迪顿写道，以相对历史的标准来看，从发现 HIV 病毒，到减少病毒的传播途径和治疗手段，整个进程非常迅速。全世界约 4000 万人因艾滋病死亡，但现代医学把这样的死刑延缓成慢性病。新增艾滋病病毒感染案例自 2000 年已下降了 35%，2006 年以后艾滋病死亡病例数也减少了 42%。[16]

多亏了信息和研究的发展，2014 年到 2015 年西非爆发的埃博拉疫情展示了当今科学、卫生工作者和大众应对健康危机的时效性。美国疾病控制与预防中心曾在 2014 年年末提出警告，如果没有有效的预防手段，那么 2015 年年初，仅在利比里亚和塞拉利昂可能就会有 140 万感染病例。但人们改变了自身行为，通过安全处理和埋葬埃博拉患者尸体将病毒隔离开。结果病例总数不超过 3 万。埃博拉病毒疫苗也获得了成功，所以如果再一次爆发疫情的话，破坏性将会被减弱不少。

尽管如此，死亡案例随着地理位置的不同而变化。接近 40 个国家仍有超过 10% 的儿童在 5 岁前死于发达国家很久之前就已消除的疾病。每年约 800 万人死于下呼吸道感染、腹泻、肺结核、百日咳和白喉等儿童疾病。

但总体情况是积极的，成效也十分显著。1960 年，中、低等收入国家的儿童几乎有四分之一在 15 岁之前就去世。从那时以后，每 1000 个新生儿的死亡数从 232 人降到了 47 人。婴儿死亡率从 1960 年的 154‰降到了 2015 年的 35‰。[17]

孕产妇的死亡率在发展中国家依然高居不下，但在过去的 25 年，数值已经大比例减少。1990 年每 10 万新生儿就有 435 名产妇死亡，到 2015 年该数字降到 242 名。大部分的改善发生在 2000 年之后。非洲、中东和拉丁美洲的比例下降了近一半，东南亚下降了三分之二。由于基础卫生设施和安全水资源得到保障，以及全球卫生工作人员的专业助产，撒哈拉以南的非洲难产风险概率从 6.1% 下降到了 2.8%，南亚则从 2.6% 下降到 0.5%。[18]

莫里斯·希勒曼是历史上挽救过最多生命的其中一人。他本来打算成为 J.C.Penney 百货公司的经理，但显然他不适合做零售行业。这对我们来说是走运的，因为他拿到了微生物的博士学位，然后在默克公司找到了一份工作，并研发出超过 25 种疫苗，包括目前大部分儿童接种的疫苗。

其中最重要的是麻疹疫苗。据估计，自 19 世纪中期以来，麻疹造成了 2 亿多人死亡。20 世纪 70 年代早期疫苗问世前，每年仍有上千万人因麻疹而死。如今，每年只有约 10 万人因麻疹而死，自 20 世纪 80 年代起，致死率减少了 96% 以上。同样，麻风病是一种损害神经导致四肢麻木的传染病，几千年来影响着人类。20 世纪 50 年代有 1050 万个病例，但 20 世纪 60 年代发明了三种药物用来治疗麻风病，如今全球只有不到 20 万的慢性麻风病例。

口服补液疗法是过去几十年全球卫生最伟大的胜利之一，它也是最便宜的方法。在 20 世纪 70 年代，贫穷国家每

10个小孩就有1个在5岁之前死于由腹泻引起的脱水。科学家和医生花了很长时间来寻找解决办法，试了所有建议——从香蕉到胡萝卜汤。水、盐和糖的混合溶液看起来是特别有前景的解决方案，并且在20世纪70年代初印度和孟加拉难民营爆发的霍乱治疗中体现了成效。3000名患者接受这种治疗方法，他们的死亡率降低了近90%。口服补液疗法每个剂量的成本只有几美分，很快得到了全世界的注意，现在估计每年可以挽救大约100万儿童的性命。英国医学杂志《柳叶刀》描述这可能是这个世纪最重要的医学进步。[19]

这项技术是目前世界上延长寿命最迅速的办法。儿童5岁之前的死亡率从240‰下降到了72‰。[20]据记载，肯尼亚和其他几个国家连续10多年预期寿命保持每年增长一年多的速度。在经历了10年的预期寿命快速增长之后，这些国家的人当下剩下的寿命比10年前预测寿命时剩下的年数还要多。1950年到2011年，亚洲的预期寿命从42岁上升至70岁，拉丁美洲从50岁增长到74岁，即使非洲受到艾滋病的影响，预期寿命也比以往任何时候进步得都要快，从37岁上升到了57岁。

这就是全球人口经历了前所未有增长的原因，20 世纪七八十年代，许多西方人认为这会造成巨大的威胁。世界人口从 1950 年的 25 亿增加到 2011 年的 70 亿。并不是因为贫穷国家有兔子一般的繁殖能力，只是他们的生命不再如苍蝇般短暂。没过多久，家庭开始适应，停止生育尽可能多的孩子，因为父母意识到他们的孩子不再容易夭折。1950 年，不发达地区的妇女一生平均有 6.2 个孩子，而如今不超过 2.6 个。妇女不再经历多次怀孕，父母也避免了失去孩子的痛苦。

越富有的国家健康状况也会越好。婴儿和儿童死亡率的变化，有 70% 与收入变化有关。没有任何一个人均收入超过 1 万美元的国家的婴儿死亡率高于 2%。有钱人可以更多地投资卫生和水资源设施，还能负担食物和医疗。但这不单单是人们变得有钱所以能享受到更好的生活水平，更重要的原因是由于体面生活的成本变得越来越低。

健康指标是不断在提升的。1900 年，人均收入 1000 美元的国家的婴儿死亡率是 20%，而到了 2000 年，同样收入水平的国家婴儿死亡率则为 7%。即使一个国家的经济在 100 年内没有任何增长，它的婴儿死亡率也应该会下降三分之二。

今天人均 GDP 为 3000 美元的国家预期寿命和 1870 年假设人均 GDP 能达到 3 万美元的国家是一样的。这是属于我们这个时代有关健康的伟大故事：低价钱就能享受优质的生活。[21]

这是全球化的结果，国家使用知识和技术变得越来越容易，而这些是来自一代代人投资巨大才研究出的成果。发展细胞工程、细菌致病理论或者麻疹疫苗是很难被发现的，但一旦有人研究出来，一切就变得很容易。贸易和通信的基础设施也方便了思想传播、科学和技术的交换，促成了良性循环。

有趣的是，尽管健康和财富之间有紧密的联系，但却很难找到健康和近期经济增长之间的关联。经济学家威廉·伊斯特利认为，国家的健康指标和该国发展之间的相关性，不如健康指标和全球经济的相关性强。在这个全球化的时代，一个国家成功背后最重要的因素是来自其他国家的成功。即使像海地这样为数不多的比 20 世纪 50 年代时还要穷困的国家，它的婴儿死亡率也减少了近三分之二，其实海地的婴儿死亡率比 1900 年那时世界上最富有国家的比率还要低。

预期寿命在惊人的涨幅后出现增长速度的放缓是很自然的，正如疾病从儿童的肠胃和胸腔被消除，却又出现在老人的动脉问题上。挽救孩子的生命对预期寿命有巨大的影响。当挽救了一个孩子后，他逐渐长大继续活到老年，寿命便延长了几十年。当今的儿童死亡率已经很低了，所以预期寿命的进展主要来自老年人，这将减少出生因素对预期寿命的影响。彻底消除癌症会是一个了不起的成就，但只有发达国家的平均寿命会因此增加几年。

除此之外，最富裕的国家的预期寿命依然不断增长。在20世纪50年代预期寿命接近70岁之后，又往上升了10年，这会是人类历史上全新的一种现象。降低血压的廉价药物从20世纪70年代的美国开始传播，同样的还有治疗心脏病的药物。由此，绝大部分西方国家心血管疾病的死亡率已经减少了三分之二，现在轮到了较为落后的地区。人们少吸烟也是很重要的，吸烟是引起肺癌和心血管疾病的一个原因。或许是时候开始讨论死亡的第四个阶段了——退变性疾病逐渐衰退和人为疾病的阶段。

人固有一死，如果他们逃过了第一劫，在后面第二个、第三个障碍下还会有更多的人倒下。这种说法也许掩盖了过去几十年在癌症对抗方面取得的进展。当更少的人死于心血管疾病，就会有更多的人死于癌症？事实并非如此。改善癌症治疗方法已经产生了很大的影响，尽管比预防心血管疾病要昂贵得多。几乎在每一个年龄段，癌症患者都减少了。美国的发病率从 1994 年开始每年下降约 0.6%，癌症的死亡比例在过去的 20 年也下降了 22%。[22]

将来会是什么样？没有什么是肯定的。一方面，新的流行病可能随时暴发，一个普通的流感病毒某个时刻可能会变异成致命的病毒，让人类付出惨痛代价。像 1918 年西班牙的流感，当时造成超过 5000 万人死亡。另一方面，我们对科学技术的处理手段已经完全不同，提供贡献的人才比以往任何时候都要多。

2009 年的 H1N1 流感源于 1918 年西班牙流感的病毒变异，这是我们史上对流行病做出的最快的应对。互联网帮助跟踪疫情，促进机构间、科学家和世界各地卫生工作者之间的合作。美国科学家在 2009 年 4 月中旬得到病毒样本，仅用了一天就完成了基因测序。一周之内，H1N1 完整的病毒基因组就发布到网上供全世界使用。这样全球各地的测试开发人员可以修改现有的测试，还可以发现新的案例。当月结束之前，新的测试用品已经被送到临床和公共卫生实验室。

与此同时，医药公司综合利用这些信息、新的分子技术和其他重要技术开始研究疫苗。世界卫生组织在 2009 年 6 月宣布 H1N1 流行病的 3 个月之后，数家制造商已经完成疫苗的研发并开始生产。到同年 12 月，50 多个国家开始了疫苗项目。

目前并不能保证寿命会继续增长。艾滋病病毒导致一些非洲国家的预期寿命突然暴跌，甚至超过了战争对津巴布韦和博茨瓦纳平均寿命的影响（减少了约 15 年），这是非常罕见的。俄罗斯在计划经济崩溃后，预期寿命下降了 5 年。尽管我们也会看到阻碍，甚至是临时性的倒退，但是总体的预期寿命是往前推进的。[23] 预期寿命在很多方面也只是一个保守的估计，是测量新生儿在目前条件下够在世上生活的平均时间，并不能计入未来科技发展对延长寿命的影响。

有人说我们已经达到极限了，寿命不可能再进一步增加。但之前这类观点已被说过一次又一次，结果总是证明想法是错误的。1928 年，那时美国的预期寿命是 57 岁，统计学家路易斯 · 都柏林计算出的最大可能值是 65 岁。因为他没有掌握新西兰的情况，他并不知道那里的女性已经超过了他算出的数字。另一个研究小组在 1990 年重复这个课题，然后得出的极限年龄是 85 岁，而日本女性在 1996 年的时候就已达到这一预测。[24]

人口学家吉姆 · 奥本和詹姆斯 · 沃佩尔有一篇关于专家们对平均寿命预测的精彩文章，其中包括联合国和世界银行一再宣称预期寿命接近上限。文章总结说，那些预测的上限发布平均 5 年后就会被打破。奥本和沃佩尔指出，在纪录保持国家的女性预期寿命在惊人的 160 年间，以几乎每年 3 个月的速度稳定增长，而且远远没有尽头。某些国家有明显的下降，那是国家落后和领导不力造成的人为现象。令人惊讶的是，自 1950 年开始，所有国家婴儿和儿童死亡率都得到改善了。[25]

安格斯 · 迪顿积极的观点更令人信服："自从启蒙运动人们反抗专制政权，并开始使用理性的力量让生活变得更好之后，他们已经找到了方法，而且毫无疑问的，在对抗死亡的战斗中会继续赢得胜利。”

随着人们变得更加健康，并保障食物的稳定供给，他们可以更好、更努力地工作。随着预期寿命的增加，技能得以更长时间和更好地发挥作用。小型家庭意味着每个孩子的生命有了更好的开始，也意味着更长的教育。人类终于可以开始击败贫困这个古老的祸害。

4

贫困

Poverty

贫困没有原因，繁荣才有缘由。

——简·雅各布斯[1]

为什么有人会穷？

这是一个错误的问题。

我们不需要为贫困做出什么解释，因为这是所有人的起点。贫穷伴随着你直到你创造出财富为止。有一点很容易被遗忘：即使是生活在最富有的国家，我们祖先的生活条件也是相当糟糕的。比如在从前的法国，人们对贫穷的定义相当简单：如果你还能买得起明天的面包，那么你就不算穷。在困难时期，到处都是成群的穷人，衣衫褴褛，在街头乞讨食物。

即使是在经济发展的年代，法国历史学家、经济学家费尔南·布罗代尔发现，18 世纪之前普通欧洲人的遗产清单可以说明贫穷问题是全球化的。这些遗产清单勾勒出老年人的晚年生活：工作了一辈子，得到的只有几件破旧的衣服、一把椅子、一张桌子、一个长板凳，还有一张木板床和装着稻草的麻袋。16 世纪至 18 世纪，勃艮第官方报告提起："人们睡在稻草上，没有床或者家具。""仅靠隔板把人和猪分开。"[2]

亚得里亚海边的佩斯卡拉是一个有着城堡和军事要塞的小镇，不算特别贫穷。一份 1564 年的报告指出，镇上有四分之三的家庭住在临时避难所。在富裕的热那亚，每年冬天都有穷人卖身去当划桨奴隶。巴黎非常穷的人被铁链拴在一起，被迫去清理下水道。英国的穷人不得不在济贫院靠劳动获得救济，但长时间工作却几乎没有报酬。他们把狗、马、牛的尸骨粉碎用作肥料。1845 年，一份关于救济院的调查表明，那些饥饿的穷人为了腐烂的骨头而大打出手。

虽然有几次起伏，但 19 世纪之前，人类经济几乎没有任何发展。根据经济学家安格斯・麦迪森的粗略估算，人均国内生产总值——每个人财物与劳务的市场价值，从公元 1 年到 1820 年仅仅增长了 50%，人们在一生之中并没有体会到财富收入的增多。[3]

欧洲比其他大陆的情况稍微好点，但在 1820 年，欧洲最富裕国家的人均国内生产总值相当于 1500 美元 ~2000 美元（以 1990 年的美元计算，根据购买力进行调整）。这个数值低于当今的莫桑比克和巴基斯坦。即使所有的收入完全平均分配（这当然是不可能的），也意味着每个人的生活极端贫困，普遍都生活在一个贫困的世界；相当于今天海地、利比亚和津巴布韦的生活状态。

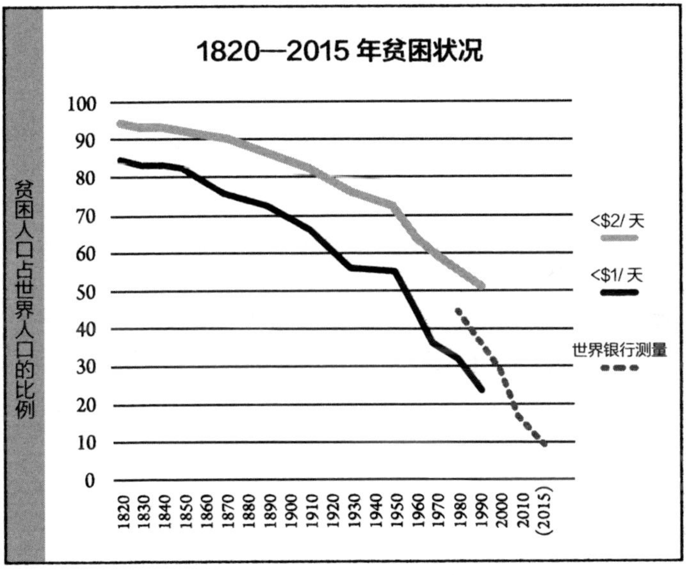

资料来源：布吉尼翁和莫里森，2002；世界银行贫困测度工具（PovCalNet）；克鲁兹、福斯特、奎林和谢莱肯斯，2015

19 世纪初，最富有的国家贫困率甚至高于当前的贫穷国家。在美国、英国和法国，有 40%~50% 的人的生活处于如今我们称为极端贫困的状态，而这种状态现在要去撒哈拉以南的非洲地区才能找到。而在斯堪的纳维亚、奥匈帝国、德国和西班牙，极端贫困比率在 60%~70%。无家可归是常见的现象，有 10% 到 12% 的欧洲人和美国人被政府列为乞丐和流浪者。[4]

在那之前，有影响力的经济学校和重商主义者宣称贫困是必要的。这是激励人们努力工作的唯一方式，而且低薪酬可以降低生产成本，好让一个国家可以一直保持竞争力。许多思想家认为，如果穷人的收入增加了，他们就不愿工作，而会去小酒馆里待上一天。重商主义的死敌——亚当·斯密认为这是错误的，他认为高工资实际上会让人们更加愿意工作，“一个绝大部分人民都是穷困潦倒的社会是绝对不可能繁荣和幸福的”。[5] 斯密和其他启蒙思想家的想法体现了他们对辛勤劳动的穷人们的尊重。

然后，欧洲发生了工业革命。工业革命起源于英国，当时的国民经济由政府控制并已经开始衰退，而英国精英不会像其他地方那样抵制新的科技。开放性的试验和科学技术应用改进了近千年不变的生产方法。机械化纺织和蒸汽机让城市不需要水轮车就能够生产。随着创新创造出的生产力暴增，每个工人的生产价值和收入双双得到提升。1820 年到 1850 年，人口增加了三分之一，工人的实际收入增长了近 1 倍。[6] 如果早期的趋势继续下去，那么每个人将要花上 2000 年才能达到收入翻倍，但英国人只用 30 年就完成了这一目标。

1000 多年以来都没有哪个国家人均收入可以持续增长，西方国家 1820 年到 1870 年的人均收入每年增长超过 1%，1870 年到 1913 年增长率达到 1.6%，两次世界大战之后又继续回升。西方国家的人均 GDP 自 1820 年以来增长超过 15 倍。在 20 世纪早期，西欧和北美的极端贫困率降至 10%~12%。有了高科技，我们可以更加高效地工作，减少工作时间。美国人每周的平均工作时间自 1860 年以来已经减少了 25 个小时，再加上我们参加工作的时间越来越晚，退休年龄越来越早，退休生活也将更长。如果按平均工资计算我们多出来的休闲时间，人均 GDP 将增长 120% 左右。[7]

联合国开发计划署（UNDP）指出，贫穷和人类贫困“第一次大上升”的标志是20世纪50年代几乎所有西欧国家都消除了极端贫困。[8]恰好这时，又开始了“第二次大上升”。像日本、韩国、中国台湾、中国香港和新加坡这些国家和地区融入全球经济，向世界证明了发展中国家和地区是同样有可能进步的。世界的两大巨头——中国和印度，分别在1979年和1991年决定改革经济，这加快了全球经济的发展速度。亚洲经济体的进步是前所未有的。自1950年起，印度的人均GDP增长了5倍，日本翻了11倍，中国增长了接近20倍。

这是世界所没有预料到的。瑞典作家莱斯·伯格（Lasse Berg）和摄影师斯蒂·卡尔松（StigKarlsson）曾经在20世纪六七十年代踏足一些亚洲国家，记录那里的悲惨生活和即将来临的灾难。他们读过专家所描绘的这个大陆：毫无未来可言，在这里存在的是人口过剩、永无止境的战争和饥荒。他们也从那个时代研究亚洲的权威经济学家冈纳·缪尔达尔（Gunnar Myrdal）那里得知，马来西亚有太多的种族分裂，韩国因为宗教变得没有职业道德。在亚洲目睹的一切正如他们所猜想，最糟糕的还在后头：“总有一天，世界末日会来临。”[9]

但到了20世纪90年代，当他们再次回到上次访问过的地方，他们发现这里变得充满希望，“自己曾经的判断是多么错误”。

> 伯格写道：“亚洲挺了过来。更好的衣服，更多的食物，安全也得到了改善。但最重要的是人们思想上的变化。曾经大家对贫穷习以为常（我的父母是穷人，我也是，我的后代还是穷人——这样的情况不会改变并且一直持续下去），而如今穷人自己也认为贫困是无法容忍的，是不公平和不可持续的。印度、中国、日本、印度尼西亚、马来西亚、韩国等国家的状况相同：贫困逐渐减少，平均寿命显著增加，社会更开放，更自由，积累的知识更多。结果比我想象的要好太多。”[10]

即使是印度最贫穷的村庄也不再散发出大小便的臭味，砖瓦房取代了茅草屋，保温又防虫。村里也能用上电，还有了电视天线。当伯格和卡尔松把上次拍摄同一地方的照片给印度的年轻人看，他们不能相信这个地方曾经遍布苦难与可怕。2010年，伯格再次回去的时候，他们有了更进一步的转变。那里有摩托车和大型集市，所有的村民人手一部手机。

现在连最贫穷的村民都能住上砖瓦房，并且窗户前还围着铁栅栏。有人认为这说明治安不好，但是伯格指出，这意味着即使是穷人也有怕被偷走的值钱的东西。

亚洲发展的关键是融合了全球经济，拥有更完善的交通和通信技术，加上近年来更多的贸易投资开放，让中、低等收入国家走向繁荣。即便是开放经济的贫困国家也可以在自由贸易的世界里找到一线商机，生产像衣服、玩具和电子产品这样简单但劳动密集型的商品。这促使技能和生产不断升级，因此他们的技术密集型产业变得更加完善和优秀，最终发展出知识密集型产业，比如金融、法律、公关、研究和教育。这反过来给其他一些落后国家提供了发展传统劳动密集型产业的机会。这就是为什么把东亚经济比作一群大雁，每个国家都能在队伍里找到自己的位置，一步一步向前推进。

没有哪个地方像中国这样变化巨大。一家三代人围坐在饭桌前，讲述白手起家的故事，从挨饿到自给自足再到电脑编程和化妆品制造。20 世纪 80 年代初，位于中国东南部广东省的广州，城市里很少有两栋超过 10 层的建筑物，既没有资本也没资源可供发展，但农民和村民开始做小生意和提高生产。

努力摆脱国家糟糕的贫穷状况，中国大陆不仅从“亚洲四小龙”——韩国、中国台湾、中国香港和新加坡等地借鉴经验，还结合当地个体农业和乡镇企业的实际情况。这就有了1980年的广东经济特区，它突破了计划经济的限制。生产主要根据市场需求，既鼓励外商投资和引进技术，又可以进行国际贸易。那里的商业结合了中国香港、中国台湾的投资和来自北方省份的劳动力，商品最后流向全球市场。

生产效率的迅速增长不仅提高了工资，同时改善了工作条件。广东已成为生产和出口龙头，也为其他地方指引了方向。经济增长的速度和贫困减少的结果是惊人的。1981年，有部分中国人处于极端贫困的状态，而如今这个比率不断降低。漫步在珠江岸边，宽敞干净的大道，高楼拔地而起，我到访的那一周看到又有两座大厦竣工了，现在城市的摩天大楼已经不止100栋。

印度是继中国之后另一个发展巨头。印度经济学家帕特·沙（Parth Shah）说到印度不仅从中国台湾和韩国这里学习经验，中国大陆也是他们学习的榜样：“我们看到他们从根本上转变了固有的模式，他们所做的事非常成功，现在是时候轮到印度了。”

1991 年是转折性的一年。印度债务驱动崩溃，外汇储备已经减少到只够支撑三周的进口融资，财政部部长曼莫汉·辛格（Manmohan Singh）针对这场危机在议会上引用 19 世纪浪漫主义作家维克多·雨果的名言：“当一种思想的时代来临时，世界上没有比这更强大的力量。”这个想法是破除自 1947 年独立后造成印度处于贫困状态的保护主义和计划经济。取消许可，减少关税壁垒后，印度人做生意时，开始有更多的自由，与旧垄断竞争。曾经的“印度速度”——一个发展速度滞于人口增加速度的时代已成为历史。改革之后，平均收入每年增加 7.5%，意味着 10 年内就收入翻倍。

这个过渡甚至在印度“贱民”——“达利特”群体中也能见到。“达利特”在印度种姓制度里地位最低，约占印度总人口的 25%。他们不能接受教育，只能做最差、最脏的活，例如打扫厕所、鞣革和处理尸体。由于长期接触污物和细菌，以至于靠近他们都成为一种禁忌，所以，他们被称作“不可接触者”。他们被迫生活在贫民窟，甚至不能进入寺庙，只好在外面祷告。

但城市化和自由化的好处之一就是市场更关心人们可以做什么和价值几何，而不是他们的出处或者家庭背景。倘若一家公司雇用高种姓群体并歧视贱民劳动力，运转成本将急剧上升，他们也会在激烈的市场竞争中处于劣势。

2015 年我做了一部纪录片《印度苏醒》，其中有一段是关于贱民马杜苏丹·拉奥（Madhusudan Rao）为了更好地生活，要从家乡搬去海德拉巴。在那里，他听到一个承包商因员工未能提供足够的劳动力去挖电缆而责骂他们。马杜苏丹赶紧提出能在当晚十点前找到 25 个工人。他从姐姐那儿借钱租了卡车，开进农村召集任何愿意并能胜任的男性。承包商很满意并马上支付了工人的工资。马杜苏丹那一天挣到的钱比他一辈子见到的还要多。

从那以后，他在这行业继续发展，并成立了一个拥有 350 个工人的建筑公司。“当我聘请员工时，我从未关注种姓，我看的是他们的才华。”马杜苏丹已经搬进了从前只为高种姓保留的豪华住宅区，他也能够给家人舒适的生活。他的岳母喜出望外："我女婿想必是得到了上帝的保佑。如果一棵树长大，它就提供了一大片树荫，使许多生灵都得到它的庇护。同样，如果一个家庭富有，他或她也将能够帮助其他人。"

印度数据显示，从 1993 年 4 月到 2011 年 12 月，贫困率下降了近 24%，不过贱民的贫困比例下降速度更快，超过 31%。我们有关于印度最大的邦——北方邦两个区更详细的数据，从 1990 年到 2008 年，贱民家庭拥有电扇（预设可以用上电）的比例从 3% 增加到 49%，而居住在砖房的家庭比例从 28% 上升到了 80%。

贱民物质改善和穷人的社会力量增加齐头并进。在高种姓婚礼上分开坐的惯例从 75% 下降到了 13%，接受来自贱民家庭食物和水的非贱民比例从 3% 上升到了 60%。印度达利特商会顾问钱德拉·班·普拉萨德（Chandra Bhan Prasad）曾经参加过种姓制度斗争，他现在认为，"资本主义改变种姓制度要快得多"。[11]

贫穷对自尊和偏见的影响至关重要，因为贫穷不仅是物质条件，也是心理上的，它会造成“损失、悲伤、痛苦、担心、过虑、疯狂、沮丧、愤怒、异类、耻辱、羞辱、孤独、绝望、焦虑和恐惧”。世界银行一项研究采访了超过 6 万名来自 60 多个国家的穷人，以记录关于贫困的经历。正如我们猜想，穷人会提起缺少食物、衣服和住所，而且也会说起遭受过富人或者政府官员的羞辱，还有腐败、犯罪、暴力和没有安全感等事情。有些人说起缺乏自信，这意味着他们几乎不走出社区，经常一整天都待在家里。

中国和印度是消除贫困力度最大的国家，但它们代表的是发生在这个时代的全球化。从20世纪60年代到90年代末，富裕国家平均增长速度仍然高于贫困国家。只有 30% 的发展中国家上升速度快于美国。世界银行首席经济学家兰特·普利切特在 1997 年发表文章“大分歧时代”，这一标题并没有给大众留下什么悬念。他写道，生活水平的差异是“当今现代经济社会的主要特点”，同时贫穷国家快速发展接近富裕国家的时代是历史罕见的。[12]

但从那时起，历史少有的事恰恰发生了。2000 年到 2011 年，90% 的发展中国家的增长速度超过了美国，以平均每年3%的比例增长。[13]短短的10年，中、低等收入国家的人均收入已经翻了一番。

据统计，2012年3月28日对人类来说是个大日子。这是发展中国家在现代历史上首次为全球GDP做出一半以上的贡献，而10年前他们的贡献只占38%。[14]这个趋势在情理之中，如果人们可以自由获取知识、技术和资本，他们就没有理由不能像其他地区生产的效率一样高。拥有世界五分之一人口的国家应该创造大约五分之一的财富。几个世纪以来却不尽如此，因为世界上许多地方受到压迫、殖民和保护主义的阻碍。但这些已经有所改善，交通和通信技术的革命让全球分工变得更容易，并且人们可以使用其他国家花费几代人心血和大量金钱研究出来的科技成果。

这促成了世界上最大的脱贫。世界银行定义的极端贫困标准以2005年物价为参考，即每天消费无法超过1.90美元。这是考虑通货膨胀因素和当地购买力调整之后的数字，所以（至少理论上）应该代表相同的生活水平，不管我们讨论的是1981年还是2015年的巴西或布基纳法索。这个极端贫困线也是15个最穷发展中国家的平均国家贫困线，远远低于英国或美国所提到的贫困线。

追溯到 1981 年，我们有关于这方面详细的统计数据，是基于超过 1000 份来自中、低等收入国家里具有代表性家庭的定期更新调查。根据世界银行统计，1981 年，54% 发展中国家的人口处于极端贫困，这已经标志了一个历史性的成就。从历史发展来看，按 1985 年购买力每天 2 美元的标准，在 1820 年有 94% 的世界人口处于极端贫困，1910 年则有 82%，而 1950 年这个比例是 72%。[15]

表 2　极端贫困人口比例，<$1.90/ 天

	1981	1990	1999	2010	2015
欧洲和中亚	–	1.9	7.8	2.8	1.7
拉丁美洲	23.9	17.8	13.9	6.4	5.6
东亚	80.6	60.6	37.4	11.2	4.1
南亚	58.1	50.6	–	27.2	13.5
撒哈拉以南的非洲地区	–	56.8	58	46.1	35.2
发展中国家	53.9	44.4	34.3	19	11.9
全球	44.3	37.1	29.1	16.3	9.6

资料来源：世界银行贫困测度工具（PovCalNet）克鲁兹等，2015, p. 6. “2015 是一个预测”

但过去的几十年才开始真正地发生改变。1981 年至 2015 年，中、低等收入国家的极端贫困比例从 54% 骤降至 12%。绝大多数贫困人口生活在亚洲，这里也是取得最大进步的地区。南亚的极端贫困从 58% 跌至 14%，值得注意的是，东亚和太平洋地区从 81% 下降到 4%。

不要太在意表 2 的具体数字。我对提供这些小数感到过意不去，因为这会让人们产生这组数据是可靠的错觉。我们很难得到精确的结果，只好根据选中家庭的特定时期内的消费结果，然后从调查数据推断到总体的情况。在每一步都会碰到问题——我们找了哪些人，我们错过了哪些人，人们会记得消费过的东西吗，他们够诚实吗，我们是否根据当地价格和通货膨胀进行了正确的换算？所以我们必须小心谨慎，不过错误不总是发生在相同的方面，这些数字告诉了我们一个难以置信的强大趋势。据乐观的估计，全球贫困以每年超过 1% 的比例持续下降了 30 年。

与此同时，全球人口急剧上升，所以尽管贫困比例在下降，穷人的绝对数量或许仍在增长。但没有人会说社会的失业率在上升，失业率已经从 10% 减少了一半到 5%，同一时间段人口数量增加了 1 倍多。此处可以引用哲学家约翰·罗尔斯的试验“无知之幕”：如果要你去选择生活在什么样的社会，但不知道自己在社会上的经济地位，你可能会选择贫困比例最小（而不是穷人数量最少）的社会，因为这是判断普通公民生活的最好依据。[16]

事实上，无论我们关注什么对近期的贫困数据来说都不重要，这是贫困人口绝对值在历史上第一次减少。2000 年的联合国千年计划峰会制定目标，和 1990 年相比到 2015 年极端贫困人口比例要减半。这个目标比最后期限提前了 5 年完成，尽管世界人口从 1990 年到 2015 年增长超过 20 亿人，处于极端贫困生活的人口数量减少却超过 12.5 亿。这意味着每年有超过 5000 万人，25 年来每天近 13 万 8 千人摆脱极端贫困的生活。假设你花了 20 分钟读完这一章，那么又有接近 2000 人将脱离贫困。

这是标志历史性的一刻，贫穷不因为日益增长的人口而增多。由于这种减少，目前极端贫困的人数略低于 1820 年的水平。那时有大约 1 亿人，现在只有 700 万人。如果听起来还不觉得是种进步，那么应该注意到，在 1820 年世界上只有差不多6000万人的生活条件不属于极端贫困。今天却有超过65亿人不属于极端贫困，所以生活在贫困条件下的风险已经从94%降到了不足11%。

有许多消除贫困的理论，还有致力于扶贫的全球机构。一项对118个国家超过40年的研究表明，几乎所有最贫穷人口的收入都是随着这些国家的发展而增长，而并不是收入分配引起的变化。40%的最落后国家里有77%的国家收入变化是由于平均收入的增长，5%最贫穷的国家收入变化达到了62%，所以财富的创造比分配产生的影响更大。

涓滴效应猜想，如果富人越富，那么穷人或许可以吃到从富人桌上掉下的面包渣。理解（通常是虚构的）涓滴效应理论和现实两者之间的不同是非常重要的。事实上这并没有发生，穷人正在利用现代化的生产和贸易模式这个新的机遇使自己变得富有，而不是等待别人为自己去做些什么。

该研究的作者得出结论——经济增长可以算是我们所能看到的灵丹妙药：

所以，如果我们对共同繁荣感兴趣的话，那么有一个好消息和一个坏消息。好消息就是，机构和促进经济增长的政策将等比例提高穷人的平均收入，从而促进共同繁荣。坏消息则是，在宏观经济政策的选择中，除了直接影响整体经济的增长，没有确凿的证据说明某些政策是特别利于扶贫或者促进共同繁荣。[17]

撒哈拉以南的非洲大陆较为落后，那里的贫困比例只有略微下降，由于人口迅速增长，目前极端贫困人口数量比1990年还要多6000万人。这反映出非洲惨淡的增长纪录。殖民时期之后，非洲曾经有段时间迈出了区域性经济的增长和工业化的第一步，但这经常是地方保护的公司，没有全球化的竞争力并且是通过债务融资的方式来发展。在20世纪80年代，他们遭受了债务危机，花费了很长时间来恢复。1981年到2000年，东亚的经济规模已经翻了一番，但非洲经济却根本没有增长。

然而，许多非洲国家在控制支出和通货膨胀并且开始改善商业环境。不少武装冲突结束，自此，他们发展速度迅猛。曾一度停滞不前的非洲大陆从2000年开始以每年5%

的速度增长，这被认为是商品增长热潮，因为自然资源生产只占增长的三分之一，其余的则来自如制造业、电信、交通和零售等行业。事实上，无论是否有自然资源出口，其他非洲国家都有类似的增长率。撒哈拉以南的非洲的极端贫困从1990 年的 57% 下降至 35%。贫困仍然是普遍的苦难，但这是第一次只有不到一半的非洲人民生活在极端贫困之中。

贫民窟的生活也得到了改善。根据联合国资料显示，生活在贫民窟的居民在获得安全饮用水、改善公共卫生设施、坚固住房和减少住房拥挤等方面进步迅速。居住在贫民窟的居民比例也在下降。过去常说由于城市化有一半的新城市居民最终生活在贫民窟，这不再是事实。中、低等收入国家居住在贫民窟的城市人口比例，从 1990 年的 46% 降低到 2014 年的少于 30%（与此同时，少数经历战争或者灾难性经济政策的国家如伊拉克和津巴布韦的贫民窟人口比例大幅上升[18]）。亚洲在消除贫困方面取得的进步最大，尽可能减少了贫民窟居民的数量——在东亚从 44% 降到 25%，在南亚从 57% 降低至 31%。而全球范围内贫民窟比例都在下降，包括撒哈拉以南的非洲地区。

这并不意味着全球贫困已经结束了。世界范围内仍有超过7亿人生活在极端贫困中，还有很多人虽然稍高于贫困线，但生活环境非常脆弱。有26个国家40%以上的人口处于极端贫困，除了孟加拉和海地，其余全部是撒哈拉以南的非洲国家。

如果国家继续按过去10年经济增长的速度发展而且分配保持不变，那么到2030年发展中国家的极端贫困比例将会下降到5.6%。世界上每个国家每年的人均消费增长若能达到4%，极端贫困则将减少到3.5%。东亚的比例会是0.3%，而南亚是1.3%。[19]

阻碍也是不能避免的，遭受战争和流行病的国家的贫困率会上升，未来也会如此。但极端贫困不再是常态，这在历史上是第一次，甚至不久的将来它将是个边缘化现象。因此，跨国机构建议提高贫困线，这也反映出更大的野心。世界银行已经将极端贫困标准从2008年的1美元到1.25美元上升到2015年的1.90美元。

发展中国家快速发展的成果之一就是史无前例地减少了

全球不平等。自1820年以来，当西方世界开始发展，国家之间的差距逐步扩大。但由于贫穷国家的增长速度快于富裕国家，我们首次看到经济发展趋于一致。彼得森国际经济研究所试图通过观察国家之间和国家内部的不平等来测量全球人口之间的不平等。他们得出的结论是，全球收入之间的不平等在世纪之交开始显著下降。据估计，基尼系数，一个判断收入分配公平程度的指标，其中0代表每个人都拥有相同的财富，而1代表一个人拥有全部的财富，它从2003年的0.69跌至2013年的0.65。结果仍然是极其不平等，甚至和世界上最不平等的国家——南非的状况相提并论。但如果对未来20年的经济预测接近实际的话，基尼指数将会进一步下降，2035年可以达到0.61。[20]

我们生活在一个非比寻常的时代，历史上贫困从未有过这样显著的减少。在某种程度上，全球化比工业革命的影响更大。1800年当西方开始工业化的时候，我们的两亿人花了50年时间达到平均收入翻倍。中国和印度的人口比西方多了10倍，但只用了五分之一的时间就完成了相同的事。所以从这点可以说全球化超过工业革命50倍。

全球中产阶级的出现这一巨大的变化，不仅会改变消费模式，也将会改变我们的生活方式和面对生命与他人的态度。那些害怕失去珍贵东西的人，如果坚信未来有美好的人生，就不会为眼前的蝇头小利而赌上一切。相信未来的人也会对未来投资更多。

5

暴力

Violence

战争看起来同人类一样古老，而和平是一个现代的发明。

——亨利·梅因，1875年[1]

随着暴力犯罪正霸占着每日的头条新闻，包括“9·11”事件的后遗症，我们总是认为我们的时代尤其被暴力所困扰。但是心理学家告诉我们，这并不是事实，我们之所以有这样的印象只是因为容易回想起这些事例。

我们倾向于想到新的或者正在发生的冲突，就像叙利亚的内战，但是我们忘了一些国家已经结束冲突——就像斯里兰卡、安哥拉和乍得共和国。我们总是想到最近在阿富汗和伊拉克发生的战争（造成约 65 万人死亡），但是我们很少谈到此前发生的冲突（造成了 200 万以上的人丧生）。

在这一章里我将着重刻画认知科学家史蒂芬·平克关于暴力历史的详尽研究，他写道：“暴力的戏剧性减少也许是人类历史上发生过的最重要的事情。”[2]

回顾我们的文化遗产之旅，神话、谚语甚至是人类的语言都显示出过去发生过多少野蛮的暴力。格林兄弟在19世纪早期的童话故事里充斥着谋杀、同类相食和性虐待。潘趣和朱迪木偶剧在英国至少从17世纪末就开始流行了，其中潘趣毒打、杀害孩子以及和妻子打架并杀了她的剧情，一直用来博取观众的笑声。许多儿歌的内容也包含谋杀、恐怖和性虐待。一项研究比较了英国晚上九点以前出现暴力的儿歌电视节目，得出的结论是，暴力在童谣里出现的频率大约是11次，并且认为这个频率对孩子来说是安全的。[3]

古希腊史诗的很多章节充满了杀戮情节。《伊利亚特》中的特洛伊战争始于对一个女人展开争夺，止于特洛伊被洗劫。国王阿伽门农为了获胜，在战争中牺牲了他的女儿，并且下令所有特洛伊人必须死，包括尚在母亲腹中的孩子。奥德修斯是一个更机智灵敏的角色，没有依赖暴力来解决每一个有问题的处境。但是当他20年后从特洛伊回来时，他杀死了108个以为他死了并向他妻子求爱的男人。

如今，许多凶残的动物被关进马戏团里，但在罗马时期，“面包和马戏团”中的“马戏团”三个字则意味着在诸如罗马斗兽场的竞技场里为了娱乐杀害数百万人。角斗士搏斗到死，女人被绑在柱子上，然后被强奸或者被动物撕碎。暴力不只是给底层社会的人保留的：罗马帝国分裂前，49 个罗马皇帝中有 34 个被谋杀了。

十字架是基督教的象征，因为耶稣像罪犯一样被钉在十字架上。苏格兰的圣安德鲁，是在 X 形十字架上被杀的，这

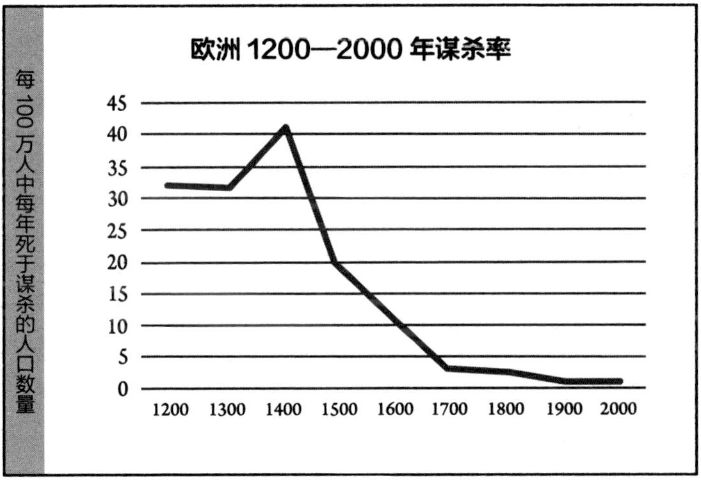

资料来源：艾斯纳尔，2003 年[4]

种斜条纹被记录在英国国旗上。新约比旧约更和平，但在中世纪和近代早期的基督教里，你会发现他们对付异教徒和罪犯的灵感都用在了地狱处罚的故事里。

酷刑和割刑经常被一切伟大的文明所使用——从亚述人、波斯人到非洲国家和本土印第安人，但是中世纪基督教文化比大多数文明更有“创造力”，而且那个时代最好的“创意”都专注于使受刑的人在认罪前或者死前承受尽可能多的痛苦。史蒂芬·平克总结道：

> 酷刑是由国家和地方政府在整个欧洲大陆施行的，并且被编入法律。规定了致盲、烙刑，切断手、耳朵、鼻子和舌头等其他形式的断肢，作为对未成年犯罪的惩罚。死刑是施虐和残忍的，长时间的折磨致死，比如在柱子上烧死、车裂、被马匹撕裂、刺穿直肠、剖腹、在一个线轴上缠绕人的肠子，甚至是绞刑，这都是慢慢的折磨——使人窒息而不是迅速勒断脖子。[5]

我们知道今天仍然有酷刑施行，特别是在独裁统治下，但即使是在美国等一些“先进的民主国家”也存在酷刑。然而情况却不尽相同，这样说并非为他们开脱。通常酷刑是例外发生的，而不是日常发生的，它主要是着重于获取信息而不是为了造成痛苦。在大多数情况下，酷刑是秘密的，因为现在世界各地的大多数人都在谴责它，而在过去，酷刑是获得公众认可的、公开的。

中世纪的酷刑甚至没有一个原始和野蛮的方法来限制公共暴力。大多数实行拷问或者火刑的罪因是非暴力犯罪，那些犯罪在今天并不被承认，比如异教徒、亵渎神明、叛教、流言蜚语、责骂、非传统的性行为和对政府的批评。西班牙的宗教法庭可能造成了 35 万人的死亡和无数的酷刑，有些受罚的原因是在周日穿干净的内衣或者洗澡被人知道。

在 15 世纪两个牧师出版了《女巫之锤》，它被人们与喜剧团体“巨蟒”（monty python）和《我的奋斗》这种奇异的组合相比较。《女巫之锤》认为女巫在人群之中，并且大多数是女性（因为女人是天生不守规矩的骗子，她们不知满足，与魔鬼为伍）。任何被发现的女巫都必须被处死。它曾被用作法庭的手册，在接下来的两个世纪，法国和德国的女巫猎杀运动分别杀死了 6 万个和 10 万个女人。而最后一个英国女人被当作女巫处决发生在 1727 年。

关于中世纪骑士的故事出现在公元 11 世纪到 13 世纪，无疑这些故事也充满极端暴力，这种暴力经常只为了证明骑士们的勇气和荣誉。骑士杀人只因为受到一丁点的侮辱。他们的骑士气概和我们理解的骑士精神毫不相关。他们所谓的“战斗”就是尽可能多地杀掉敌人所管辖的农民，破坏他们的庄稼和财产。一个骑士曾经为了吸引一个公主，承诺为了公主的荣誉去强奸他能找到的最漂亮的女人。

如果我们想要了解人类最暴力的时期，必须回到很久以前，了解传统的采集狩猎者和狩猎种植者。他们也被称作“高贵的野蛮人”。但是从公元前 14000 年到公元 1770 年的考古遗迹告诉我们另一种故事。我们可以区分出正常死亡和暴力死亡，因为暴力死亡造成骨头断裂的形状就像是玻璃，有着锋利的边角，而正常死亡下断裂的骨头像粉笔一样有着干净的直角。这些人中大约有 15% 是暴力致死。

不过暴力也可以停止。一个有趣的例子是一直被埃及人、希腊人、罗马人、斯堪的纳维亚人和日本人施行的活人献祭。

1440 年到 1524 年间，阿兹特克人可能以每天献祭 40 人的速度一共献祭了 120 万人。历史上的一种解释版本关于魔鬼：如果有一个天神，为什么世界上还会有那么多的魔鬼？在一个充斥着突然死亡、暴力和饥饿的早期人类世界里，人们很容易认为神是嗜血的，如果是这样，为什么不通过牺牲别人来平息神的怒火，而等着神带来死亡？

但是活人献祭早已被废除，这种酷刑通常会先被动物祭祀所取代。原因很多，可能是历史知识和其他文化提供了反对这种信仰的证据，也可能伴随着更多的财富和更长的预期寿命，宿命论被颠覆，使得人们更看重别人的生命。

根据史蒂芬·平克的资料，非政府社会的平均暴力死亡率——这包括从狩猎采集部落到加利福尼亚的淘金社会——是每 10 万人中有 524 人死于暴力。但如果我们将 20 世纪所有死于战争、种族灭绝、种族清洗和人为饥荒的人数累加在一起，每年死于暴力的人每 10 万人中不超过 60 人。[6]

和平进程的第一步与早期农业文明有关。虽然农业文明有更多的阶级并且可以对本国人施以难以置信的残酷行为，但是他们确实减少了游牧社会长期的袭击和争斗，并且使类似的暴力死亡少了 5 倍。

从 13 世纪到 15 世纪，欧洲最发达地区的年凶杀率降至每 10 万人中 30 人到 40 人。相比之下，比欧洲更暴力的现代美国，每年的凶杀率低于每 10 万人中 5 人。[7]

历史学家芭芭拉·塔奇曼提出，在 14 世纪的欧洲，暴力是日常生活中的一部分。在去教堂的路上，村民从罪犯身边经过——他们被鞭打并被铁链束缚在铁笼子里。在教堂里村民看到圣人受到酷刑的画和雕塑——身上插满箭头、长矛，浑身布满血迹，并且他们知道教会经常使用类似方法对付异教徒和目击者。在回家的路上，村民还可能经过尸体，看到被斩首的头和钉在城墙上的身体。与此同时，公众娱乐意味着更多的暴力。塔奇曼提到村民们为了获得快感会从临近的村镇买来罪犯，享受看他们被大卸八块的过程。其他受欢迎的游戏包括把手绑在背后用头把猫撞死，或者在猪圈里追逐猪把它们用棒子打死。“也许在不太温柔的中世纪初期，人们毫不在意他人的价值”。[8] 这是一个充满虐待和屠杀的时代。

但在现代早期，发生了不可思议的事情。欧洲的凶杀率从之前每10万人中有30人到40人，降到16世纪的每10万人中有19人，再降到17世纪的每10万人中有11人。18世纪，这个数字降到3.2人，一直到今天的1人。关于凶杀的历史研究，犯罪学家曼纽尔·艾斯纳尔解释说，这个过程开始于英格兰和荷兰。这里是现代化和城市化的中心，市场经济和文化最大程度发展的区域。然后这个过程扩展到斯堪的纳维亚半岛，但是它的凶杀率下降得也很快——从15世纪的每10万人中的46人降到了18世纪早期的3人。在意大利，凶杀率从19世纪中期开始下降得很显著。[9]

下一个和平的过程是司法制度和中央政府的建立。国王停止了骑士间的战争，并且把中世纪的军阀变成了文艺复兴时期的臣子。之前骑士们必须展现自己更残酷的一面，而现在他们不得不使国王高兴，在行为上更加礼貌。现代国家建立起集中的行政系统和司法系统，这套系统使人们能不诉诸暴力也可以维持他们的社会地位。现代的警察部队，比如罗伯特·皮尔爵士的“bobbies①”成立于1828年，代表公众

① 在英语中，人们有时候用 bobby 来称呼警察。bobby 一词其实是创建伦敦第一支警察部队的罗伯特·皮尔爵士的昵称。——编者注

抑制暴力。

然而早期的司法系统在很长一段时间里异常残酷，刑法的作用是公开威慑他人。不仅仅是死刑，其他略轻的惩处——切断手指、割掉舌头、割下耳朵和挖眼也是如此。1620 年，一个旅行者从德累斯顿到布拉格的途中看到“有超过 7 个绞刑车里有被惩处的盗贼，一半死尸是刚死的，一半已经腐烂，并且一些凶手的残肢挂在车轮上”。[10]

如果没有中央集权进行仲裁和惩罚，个体不得不实施报复，并获得暴力和无情的名声。正像维托·科莱奥内在《教父》里所说,“凡是把意外事故当作是对个人尊严的侮辱的人，就不会遇到意外事故”。这可能对个体有意义，但是它也赋予暴力以荣誉，人总是对不同的冒犯准备以暴力回击。从 14 世纪到 15 世纪，超过四分之一的英国贵族死于暴力，部分原因是他们为了荣誉而战斗。哪怕最轻微的侮辱也可能引发愤怒的贵族帮派之间的一场血腥的巷战。[11] 如今，这种行为只发生在有组织的犯罪、贩毒或者处于无法诉诸法律来解决冲突的地方。

经典的问题是：谁来监督监管者？统治者可能会使公民的暴力得到控制，但同时他也对公众施暴，并使他们死于战争和种族灭绝。尽管暴力日渐减少，大规模有组织的暴力也是有可能发生的。下一个阶段，在政府得到了对人们的控制之后，可以通过法律、公民自由和民主让人们支配政府。即使对那些当权者来说，和平的下台也是有好处的。公元600年至1800年，欧洲八分之一的统治者在位时被谋杀，并且有三分之一的凶手接管了王位。[12]

减少犯罪背后的另一个因素是个人主义道德的兴起，新教和启蒙运动以不同方式促进了它的兴起。许多研究人员指出，暴力的减少并不总是与国家加强的中央集权有关。但是暴力的减少与广泛的文化转移，尤其是从集体主义转为个人责任和自由主义有很大关联。人们被认为应为他们的犯罪负责，并且人们从他们的家族仇恨解脱出来。再加上日益兴起的国家垄断暴力，暴力从家族问题转换为法官和君主的特权。关于荣誉的文化逐渐让位于个人尊严的文化，人们更倾向于控制情绪而非诉诸武力。在英国，坚定、沉着成为更有吸引力的魅力典范。一个敏锐的头脑和舌头比一把锋利的剑更有价值。

第三个因素是人道主义态度的提升。随着预期寿命的增加和家庭人口的减少，对每一个人的生命价值的感知也在提升。过早的死亡不再是常态。许多思想家和史学家指出，自由市场的崛起促成了长期心态和情绪控制。市场交换意味着其他的人成为潜在财富，可以成为买家、卖家、投资者或者同事，而不仅仅是潜在的威胁。要想在自由市场上获得成功，你必须了解你的客户的观点。

启蒙运动的观点和人文主义艺术运动让人们洞察到损失和痛苦，我们现在与更多人产生了共鸣。显然仍有人乐于给受害者带来痛苦。但不同的是，现在，甚至虐待狂和精神病患者也有受到公正审判的权利。这是一个缓慢的过程，但在 18 世纪出现了转折点。启蒙运动思想家伏尔泰、孟德斯鸠，尤其是塞萨雷·贝卡里亚（Cesare Beccaria）他们阐明罪犯也是人，所犯罪行和刑罚应该等量。英国人权法案和美国宪法禁止“残酷和不寻常的惩罚”。从英格兰和瑞典这样的国家开始，所有主要欧洲国家从 18 世纪到 19 世纪上半叶都废除了司法酷刑。

英国在 1783 年废除公开绞刑，并且在 1834 年之后不再在绞刑架上展示尸体。1822 年有近 300 个死刑判决，包括伪造罪、入室盗窃、扒窃、偷羊，在吉卜赛人的公司工作一个月并冒充退休（为了骗取军人退休金）。但死刑的使用在其后逐渐衰落，1861 年，只有 5 个死刑案例被记录在案——叛国、间谍、谋杀、盗版和在皇家造船厂纵火。

在 19 世纪，许多欧洲国家已停止执行死刑，而今天，除了俄罗斯和白俄罗斯外所有欧洲国家都废除了死刑。类似的事情在美国也发生了，从 17 世纪到 18 世纪，每年死刑的数量从每 10 万人中 3 个以上减少到 0.5 个，今天的数字则接近 0.1 个。

政府出于政治目的使用暴力所导致的战争并没有减少。20 世纪，世界经历了两次最血腥的战争，希特勒和其他独裁者杀害了大约 1.2 亿人。第二次世界大战是历史上最血腥的战争，大约有 5500 万人死于“二战”。但是史蒂芬·平克认为 20 世纪可能不是最血腥的。

两件事使我们的判断混乱。首先，我们会有历史近视病，只记得最接近我们的历史。如果我们被要求去思考暴力，我们会想起最近发生的头条新闻，并且得到结论是：我们的时代是最危险的。我们难以忆起阿尔及利亚独立战争曾造成超过 100 万人丧生，还有造成 120 万人死亡的朝鲜战争，甚至更难想起在 30 年战争中大约有三分之一的德国人死亡。

第二个原因是这些数字之所以很多是因为世界人口比历史上任何时候都多。13 世纪蒙古人的入侵造成 4000 万人死亡，但当时世界的总人口也只有 5 亿人——这是八分之一。如果把总人口调整到如今的规模，这个伤亡是“二战”的 5 倍还多。蒙古征服者铁木真，在他 14 世纪蹂躏中亚和波斯的时候，因为用成千上万死者的人头堆金字塔而臭名昭著。

在现代世界之前，这些战争具有毁灭性是因为那时社会已经很脆弱。没有我们的财富、技术和医学，战争带来的疾病和饥饿更会使情况恶化。当拿破仑 1812 年从莫斯科撤退的时候，他军队里 50 万人中有 40 万精兵死于肺炎、伤寒和痢疾。细菌比枪炮更致命。

诚然，在其他地方有更多的人生活在和平之中，并不会降低第二次世界大战带来的残酷影响。但是如果我们想到由战争带来的伤害和死亡的风险，那么我们也要想到大小和比率，就像我们经常想到贫困率和失业率一样。在这种背景下，无论它听起来是多么有违直觉，有一个案例却使20世纪成为最不暴力的世纪。

根据学者彼得·布雷克的“冲突目录”，从公元900年到今天，在欧洲平均每年会爆发两次国家间的冲突。每年两次新的战争，持续了1100年！这是欧洲独有的暴力，但世界其他地方也不和平。1400年至1938年，它列出了发生在美洲的276次冲突，中东和北非有283次，撒哈拉以南的非洲有586次，中亚和南亚有313次，而东亚和东南亚有657次冲突！这等于除了欧洲之外，500多年间每年还要爆发4次冲突。[13]

正如平克所说，有些残酷的战争是为了争夺领土，还有一些是被宗教热情所点燃，但是很多战争只是“小便竞赛”。[14]这曾经是个不安的时代，统治者为了荣誉或是有人拒绝效忠而参加战争。拒绝投降、敬礼或者履行外交程序都有可能引发战争。领导人相信战争——这是事物的自然秩序，和平只是一个短暂的插曲，在此期间是重新装备和准备下一次战争。

就像独裁统治、奴隶制一样，偏见和酷刑在启蒙时代开始过时，战争被视为要避免的东西。作家和思想家开始攻击欧洲的暴力历史，并嘲笑战争带来的荣誉观念。宗教原教旨主义的消退，意味着国家更有可能通过谈判解决问题。随着商业化和国际贸易的扩张，很多国家开始关注生产价值并和邻国交换，而不是窃取或者破坏它。和发动战争相比，购买需要的资源是更划算的方式。正如19世纪法国经济学家弗雷德里克·巴斯夏的世界观总结的，“货物不跨越国境，士兵就会跨过”。

日常暴力的减少也使得战争时期的系统性暴力看起来更糟。正如一位历史学家针对17世纪的“三十年战争”所指出的，战争对于日常经常遭遇暴力的人来说并不可怕。

> 对于生活被杀戮、强奸、抢劫、酷刑和饥荒包围的人，这些日常暴力并未让人特别厌恶，因为它们只是战争的“温和形式”罢了。抢劫和暴力在和平时代是很普遍的，酷刑被用在大多数刑事审判中，可怕而漫长的死刑被很多人围观；瘟疫和饥荒使人们一再滥杀无辜。[15]

态度的变化可以从领导人的言辞中看出来。他们过去常说，战争会带来荣耀，现在他们不得不说，他们真的希望和平，或者借口说自己被无辜地卷入战争。国际关系学学者约翰·穆勒指出："不可能像恺撒那样简单和诚实地宣布'我来了，我看见了，我征服了'，这逐渐地变为'我来了，我看见了，他攻击我，我只是站在那里看看，我赢了'。"[16]

瑞典关于战争与和平态度的转变很有意思。它曾经是欧洲强国，而波罗的海曾经是瑞典的一个内海。1809 年，瑞典失去了它东边的一半——芬兰（给俄罗斯），甚至选择了拿破仑的执法官作为新王，寄希望于他能恢复过去的辉煌。但随着时间的流逝，以及温和的致富机会的到来，瑞典精英们失去了对军事冒险的兴趣。他们认为新的瑞典帝国只能由教育、铁路交通、经济改革和自由贸易完成。一如之前的瑞典领导人已经向俄罗斯、丹麦和波兰挑起战争，这一代的政治家做了他们能做的一切来让瑞典远离战争。丹麦、荷兰、西班牙和葡萄牙也发生了一样的事。当他们战败，便不再寻求报复机会，而是选择远离战场，开始赚钱，而不是投入战争中。

在研究历史上战争发生的频率时，史蒂芬·平克主要着眼于“大国”，包括1721年之后的英国和法国、俄罗斯，1740年之后的普鲁士、德国；1898年之后的美国；1949年之后的中国；1905年到1945年的日本；1861年到1943年的意大利；18世纪晚期之前的荷兰和瑞典；1699年之前的奥斯曼帝国；1808年前的西班牙以及1918年前的哈布斯王朝下的所有王国。

16世纪到17世纪，大国参与战争的频率在75%到100%之间。此后是逐步下降的趋势，特别是在19世纪早期的拿破仑战争后。从1950年到1975年的25年间，只有一次大国之间的战争——美国和中国的朝鲜战争。从那时起就没有一个大国间的战争。大国参战的次数降低了并且持续的时间也缩短了。这种战争过去的平均持续时间是4年到10年。20世纪最后25年发生的4场包括大国的战争平均持续97天。然而，20世纪中叶现代科技和军事组织的发展使这些战争更为致命。[17]

第一次世纪大战和第二次世界大战戏剧性地逆转了数百年来的冲突数量。但是他们对和平的推动也比任何时候都更强烈。大屠杀之后，世界各地的人们认为战争是不道德、不文明的。摄影师、作家和艺术家试图告诉人们战争是令人反感的这一事实。当你在晨报封面上看到为躲避汽油弹逃生的女孩的时候，这确实会影响你对战争的态度。这使得人们很难谈及战争的荣誉感，或谈论敌人如何得到了报应。

联合国成立于1945年，它的目的很明确，就是避免这样的冲突，并努力使边境不可侵犯。过去的观念是，战争是政治的延续，是治理国家的一个工具，这种想法被战争是犯罪和非法的观念所取代，除非出于自我防卫。欧洲列强放弃了领土扩张的想法并放弃了帝国体系，有些是在反抗和冲突之后，有时只是和平解体，这意味着殖民战争和暴力的结束。美国与盟友和苏联的冷战破灭了，然而当时许多专家相信这会导致全球战争，全球有被核毁灭的可能性。但是战争没有发生，虽然导致了多个国家的战争和内乱，但第三次世界大战没有爆发。

根据约翰·穆勒的资料，1984年5月15日，世界上的主要大国设法保持了一个自从罗马帝国以来最长的和平时期。除了1956年苏联入侵匈牙利，那段时间里，44个世界上最富有的国家之间没有发生战争。历史上从未有过这么多装备精良的国家在这么长时间里没有使用武装力量。[18]

穆勒解释说，之前的领导人认为战争是不可避免的结果，如果在正确的时间以正确的方式就可以获利。现代国家知道战争是可以避免的，大多数国家认为它会带来损失。一些人认为核战争的威胁是使各大国保持克制的原因，但如果这是唯一的因素，世界将在冷战后变得更不安全。事实上截然相反。20世纪80年代，平均每年发生43次国家武装冲突，1991年到1992年达到52次的峰值后，到2000年早期下降到每年30次，近10年则攀升到40次。

这些数字隐藏着最重要的转变——这些冲突是非致命的，这可能是因为世界都在关注，即便取得战争利益，也可能会在公共关系的战争中失败。20世纪50年代至70年代国家间战争平均分别造成8.6万人和3.9万人的伤亡。今天，国家间战争的伤亡人数略高于3000人。内战在今天杀死的人数不到20世纪60年代至80年代的三分之一。这部分导致了一个新的国际安全结构，其重点是防止冲突，当有发生战争的风险的时候，和平调停是唯一的选择。

这可能会使人感到惊讶，因为我们经常阅读到平民受伤害数量正在增加。联合国和其他机构经常重复说明这件事，100 年前战争中平民的死亡率是 10%，而今天是 90%。经过数据调查之后，人类安全报告对此的结论是“没有事实依据”。这个数据似乎是由于计算错误，是没有来源的猜测，是对死亡和难民的混淆。找到数据是非常困难的，而该报告表明战争死亡率在 30% 到 60% 之间，但没有证据证明这个数据比过去提升了。[19] 与此相反，平民死亡过去被认为是不可避免的，甚至是作为对敌人的必要威吓。现在，许多国家的政府，在公众的监督下都尽可能地避免战争。从 2004 年到 2010 年，阿富汗有大约 5300 个平民被杀害（主要是被塔利班杀害）。在越南战争中，则至少有 80 万平民伤亡。

类似的事情似乎在种族灭绝中已经发生。它没有完全停止，但是现在联合国成员都普遍谴责并致力于阻止它的发生。大屠杀曾经如此普遍，以至于历史学家并不在乎它。历史上的大屠杀上溯至雅典对米洛斯的屠城，到罗马人对迦太基人的大屠杀，弗兰克·乔克和库尔特·乔纳森认为种族灭绝“在世界上的所有区域和历史上的所有时代都已经很普遍”。但是你不可能总是能从史学家的描写中推测出来。

> 我们知道帝国消失，城市被摧毁，并且我们怀疑一些战争以种族灭绝为结果，但是我们不知道在这些事件中，大部分的人口发生了什么事。他们的命运太重要了。但当他们被完全提及的时候，他们通常会和成群的牛羊以及其他家畜一起出现。[20]

直到遭遇大屠杀的受害者开始讲述自己的故事，并且纳粹主义的支持者认为有必要否认它曾经发生过，这个以“工业化流程”来进行种族灭绝的篇章，才改变了世界人民对种族灭绝的观念。而原来在战争期间，当美国人被问及在胜利后日本人应该被如何处置的时候，10%~15% 的志愿者认为他们应该被消灭。

在各种形式的法西斯主义的种族屠杀，如 1992 年到 1995 年的波斯尼亚大屠杀和 1994 年卢旺达大屠杀后，屠杀开始呈下降趋势。21 世纪初比 20 世纪的任何时期更少发生种族屠杀。平均每年单方面暴力造成的死亡自 1990 年以来已经减半。[21]

另外，一种单方面形式的暴力，特别是以宗教名义犯下恐怖主义的暴力在增加。根据全球恐怖主义指数，自 2000 年以来，由于恐怖主义活动死亡的人数已经增加 5 倍。这是由于恐怖主义在伊拉克、叙利亚、阿富汗、巴基斯坦和尼日利亚这些类似战区泛滥的结果。我们也看到，在过去几年里针对西欧的恐怖袭击在增加，虽然死亡人数大约只有 20 世纪 70 年代的三分之二。

恐怖主义是惊人的、戏剧性的和可怕的。事实上，这正是恐怖主义的目的：播种恐惧。但是恐怖主义杀死的人数很少。它的规模比不上战争、犯罪等其他形式的暴力，甚至连交通致死的数量也不能相比。自 2000 年以来，在国际经合组织国家里，每年大约有 400 人死于恐怖主义，主要集中在土耳其和以色列。更多的欧洲人死于浴缸内的溺水或是从台阶跌倒，这些数量是恐怖袭击致死人数的 10 倍。

与普遍看法相反，恐怖主义作为完成目标的手段，是非常低效的。很长一段时间以来，因为反抗殖民运动的成功，它被认为是有效的。但是，恐怖暴力活动一般来说都是巨大的失败。政治学家奥德利·克罗宁观察了自 1968 年以来的 457 个恐怖组织活动，它们没有一个征服了哪怕一个国家，并且94%的活动都没有实现他们的目标。典型的恐怖组织存活时间只有8年，部分原因是因为，他们组织袭击的平民恰恰是他们想从中获得支持的那一群人："恐怖暴力本身就含有排斥和厌恶。暴力已经是一种国际语言，但得体与礼貌同样也是国际语言。"[22]

因此，恐怖主义唯一的获胜方式，是使受害者反应过度，破坏公民自由，并将少数人的行为归咎于整个组织。这样做会煽起冲突，使恐怖分子更容易招募成员，继续作恶。

和平从来不是必然的。当我们觉得自己受到威胁，我们的战斗本能就会被激活，人们就很容易拿起武器。英国作家诺曼·安吉尔在他1909年出版的《大错觉》中，认为工业化的国家不会在战争中获得好处，部分的原因是出于国与国之间的经济互联。[23]第一次世界大战爆发的5年后，国家之间不仅相互开展贸易，而且他们的君主——英国国王乔治五世、德皇威廉二世和沙皇尼古拉斯二世——都是堂兄弟并互相进行社交。

许多专家担心一场大战即将爆发。中东的冲突可能导致大国间的战争，以及印度和巴基斯坦这两个有核武器的国家互相威胁开战。核扩散尤其意味着世界总是处于危险之中。我们知道有部分受充足资助的恐怖组织努力杀死尽可能多的平民，还有的恐怖组织对核装置虎视眈眈。

但总体趋势是强劲的。财富的增长、不断提高的健康水平以及更小的家庭规模，似乎都使我们更看重生命，这导致更多的人道主义态度和对和平的展望。商业和贸易使国家对互利共赢而不是零和博弈更感兴趣。这使得我们可以畅想一个全新的富裕的自由民主的国家：在这里，我们可以称为真正的和平。人们甚至不再想着战争、对抗，即使是像法国和德国这样的宿敌。

或许是因为选民很少崇尚战争，领导人很少从战争中获得政治资本，内部谈判模式也逐渐外部化，这使得一个国家很少去攻击对方。政治科学家布鲁斯·拉西特和约翰·奥尼尔记录道，现今的民主和平理论非常强大，至少在1900年之后如此。

国家与国家之间会有争端，但不同之处在于它们是如何解决争端的。汉斯岛是一个很小的无人岛，位于加拿大埃尔斯米尔岛和格陵兰岛北部之间的肯尼迪海峡，加拿大和丹麦都声明该岛归它们所有。两个国家的军队确实同时造访过该岛。当丹麦军队访问岛屿的时候，他们留下了一瓶丹麦杜松子酒。当加拿大军队访问时，他们留下了一个加拿大俱乐部的瓶子和标记："欢迎来到加拿大。"

6

环境

The Environment

难道贫困、贫穷不正是最大的污染者吗？……当那些生活在乡下或者贫民窟的人连生命都无法保证的时候，我们如何让他们保护海洋、河流和空气洁净？环境在贫穷的条件下是不能改善的。

——英迪拉·甘地[1]

1952年12月5日，星期五，殡仪员斯坦·克里布和他的叔叔正载着一车悼念者行驶在伦敦街头，一些不祥的事情出现了。“空气中出现了旋涡，就像有人在放火烧许多车轮胎。”烟雾弥漫，天空阴暗，没过几分钟，克里布就看不清路了。他的叔叔下车走到灵车前面，举起一个桅灯，来引领队伍向前。但这根本没用。克里布说：“就像盲人一样什么都看不到。”

巨大的烟雾笼罩着伦敦，并持续了4天之久。寒冷的天气迫使伦敦居民烧更多的炭火取暖，除此之外，还有汽车尾气和跨越英吉利海峡的船只尾气，混合着工业生产中的污染物，形成了厚厚的一层灰尘，笼罩着整座城市。人们从汽车里出来，沿着铁路，凭着感觉寻找自己的家。一名护士说，烟雾甚至可以穿透衣服并染黑内衣。

克里布和他的叔叔在这周很忙。烟雾中含有碳黑颗粒和二氧化硫，是有毒的。很快，几百人就死了，死亡率在接下来的好几个月剧增。一项研究表明，有多达 1.2 万人死于伦敦烟雾事件。[2]

这是烟雾最致命的实例，但伦敦经常经历不同程度的烟雾事件。维多利亚时代之后，它有一个绰号叫“黄色浓雾”，因为煤烟颗粒使空气变得黄里透黑。它发生得如此频繁，以至于作为自然景观，多次出现在那个时期的文学作品中。烟雾是夏洛克·福尔摩斯生活的伦敦的一部分，土黄色的云层笼罩着泥泞的街道。在查尔斯·狄更斯的《呼啸山庄》中，亚瑟在刚抵达伦敦的时候就以为某处发生了火灾，因为街上满是浓烟，几乎看不到东西。

富裕和发展使人类免遭贫困，并且寿命延长，但也在环境方面付出了惨重的代价。增加的生产和运输减少了贫困，但也产生了污染空气、河流和肺的尾气。农业的扩张和人工化肥的使用减少了饥饿，但也导致许多湖泊缺氧，甚至产生了死亡区域。矿物燃料的燃烧推动了人类工业的崛起，也使得全球气候变暖，许多有害的后果却可能会在 21 世纪发生。

只要人类依然肮脏、野蛮、生命短暂，我们就没有意志也没有能力去有效地处理这些问题。

在第二次世界大战之后的几十年里，随着和平和世界繁荣迹象的出现，人们开始关注环境问题。在西方，由知识分子和激进分子领导的绿色运动加快了速度。许多人开始关注环境趋势，担心如果继续下去，我们很快会看到一个过度拥挤的地球，在那里，人们用尽了从石油到金属和矿物质的所有自然资源。人们设想那时世界上没有森林，下酸雨，人们不得不戴上医用口罩来免受排放物的污染。绝大多数的物种

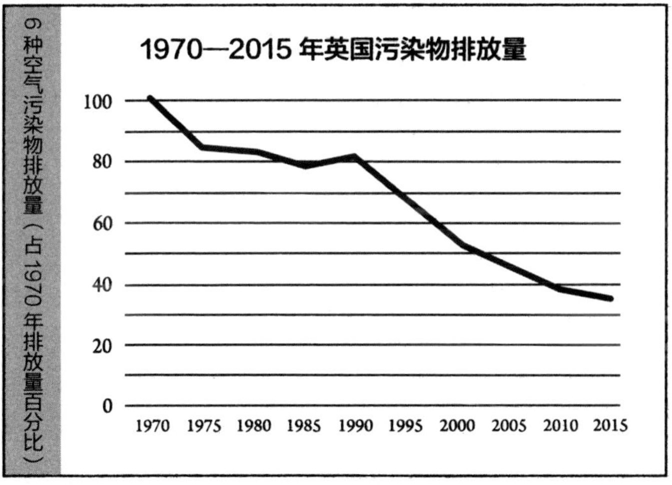

资料来源：英国环境、食物和农村事务部 2014 年的数据[3]

已灭绝，人们在遭受癌症的大规模侵袭，这一切都是由于在自然界中使用的化学物质所致。财富和技术似乎与一个绿色的充满生命力的地球不兼容。

确实存在一些严重的环境问题，但如果你看看当今发展的世界，它一点都不像在 20 世纪六七十年代设想的情景那样。那时有些想法非常错误，有悖于科学，但现在这个世界却是人民齐心协力共同避免恶劣环境的结果。

1972 年，拥有巨大影响力的罗马俱乐部警告说：随着时间的变化，几乎所有污染物都会呈几何级数增长。[4] 但很快，污染不只是停止增长，它开始大幅减少。据美国环境保护署调查显示，6 种主要空气污染物的排放量从 1980 年到 2014 年下降了三分之二以上。挥发性有机化合物降低了 53%，二氧化氮降低了 55%，直接颗粒物降低了 58%，一氧化碳降低了 69%，二氧化硫降低了 81%，铅更是降低了 99%。

从 1970 年到 2013 年，英国挥发性有机化合物的排放量下降了 60%，氮氧化物下降了 62%，颗粒物平均下降了 77%，二氧化硫下降了 94%。[5] 据长期数据显示，伦敦空气中的烟雾和二氧化硫的浓度在 16 世纪晚期之后一直增加了 300 年，但后来几乎在一夜之间下降。统计学家比约恩·隆伯格总结道：自中世纪以来，伦敦的空气没有比今天更干净的时候了。

20 世纪 80 年代，国际社会意识到，在南极洲的上空有一个巨大的臭氧层空洞，它正在日渐扩大，会使地球上的生命被有害的紫外线所伤害。通过蒙特利尔国际协议，各国决定逐渐停止使用破坏臭氧层的物质。这项工作实施得相当好，臭氧层在逐渐恢复，可能拯救人类于数以万计的皮肤癌病例。[6]

在治理水污染方面，泰晤士河是一个很好的例子。工业污染减少了，废水处理公司治理了水污染并寻找合适的集水系统。在 1957 年，污秽不堪、臭气熏天的泰晤士河被认定生物无法生存。今天，它是一条健康的河流，生活着 125 种鱼类。2008 年，对污染非常敏感的短吻海马也回到了泰晤士河中。[7]

海洋中石油泄漏的次数也大大减少。20 世纪 70 年代，平均每年有 24 次石油泄漏事件。自 2000 年起，平均每年石油泄漏的数量少于 3 次。2000 年到 2014 年，共有 23.4 万吨石油泄漏。这听起来好像很多，但远低于 20 世纪 70 年代的数量。1970—2014 年，石油泄漏总量已经减少了 99%。

有了 20 世纪 70 年代末期和 80 年代的东欧死亡森林的警告之后，许多人开始担心酸雨会把欧洲的森林变成化学沙漠。但情况还从未发生过。一部分原因是污染水平下降，另一部分原因是夸大的警告起了作用。在欧盟，从 1980 年到 2010 年，生态系统区域的酸化临界载荷从 43% 下降到了 7%，富营养化（如河流和湖泊的赤潮）也在下降。

富裕国家已经停止森林伐木。从 1990 年至 2015 年欧洲森林面积每年增长 0.3%。在美国，它正以每年 0.1% 的速度增长。全球每年森林消失的速度自 20 世纪 90 年代初期从 0.18% 缓慢下降到 0.008%。事实上，许多发展中国家的森林越来越多。在中国，森林覆盖面积正以每年超过 200 万公顷的速度增长。在巴西亚马逊，森林年砍伐率自 2005 年来下降了 7%，这多亏了更好的森林保护措施，以及农民提高了现有农田的产量。[8]

在第一章中我们发现，20 世纪 60 年代起，农业技术的运用解放了大规模的农业用地，使面积等同于两个美洲南部的地域没有变成农田。从 1995 年到 2010 年，农业用地每年只增加了 0.04%。研究者杰西·奥苏贝尔和伊多·韦尼克甚至表示，人类已经出现了“农田峰值”，农业土地从 2010 年到 2060 年每年会下降 0.2%。他们相信人类现在处于农田高峰时刻，在 21 世纪将会有大面积的上亿公顷的田地出现，比两个法国的自然面积还大。[9] 城市化对此也有所帮助，因为城市居民相比农村居民使用更少的能源和水资源，产生更少的污染，也使用更少的土地。

这使我们免于经历最恐怖的灭绝场景。人类一直对野生动物和其他物种造成威胁，现在也是这样。热带雨林被砍伐，物种丰富的雨林环境正在枯竭，过度捕捞造成了鱼类的毁灭。1975 年，保罗和安妮·埃利希预测，地球上大约一半的物种将会灭绝。地球被估测能够容纳 500~1500 种物种生存，几百万种物种将会消失。但是，国际自然保护联合会仅罗列了自 1500 年以来消失的 709 种物种。[10] 大部分的物种灭绝发生在隔离区，比如海洋岛，这说明了很多生物形式是很灵活的，可以在改良的环境中迁移和生存。

我们必须记住，记录的案例跟实际灭绝的数目是不同的，因为我们还没有发现所有物种。但发现大规模灭绝的强有力证据是非常困难的。《科学》杂志发布了一项有趣的研究，通过回顾过去 150 年间海生生物和陆生生物的 100 种生物多样性的时间数列，想要验证多数群体物种的地方多样性会随着时间而减少这一假设。他们惊奇地发现，多样性斜坡的分布集中在 0 附近，多数是在统计上非常接近于零。也就是说，物种组成变了，但是他们没有发现任何协同化甚至是减少的趋势。[11]

世界上有已知的和未知的物种。许多不知名的物种正在灭绝。但是无疑，如果没有城市化，如森林保护和有效的农业技术，事态会变得更糟糕。许多拥有最多生物多样性的有趣地方都在逐步被保护。从 1990 年到 2013 年，被保护区域的面积几乎翻了一番，从世界土地总面积的 8.5% 到 14.3%——面积大约为美国两倍大的地区正在被保护。

今天，技术和财富似乎不是环境可持续发展的障碍，而是它的前提。全球污染最严重的地方不是伦敦、纽约和巴黎，而是像新德里这样的城市。环境绩效指数聚焦在 9

个重要领域，涵盖了20个指标，试图衡量世界各地的环境可持续情况。[12] 环境绩效指数的第一批结论之一是“财富成为环境绩效的一个主要决定因素”。越富裕的国家越注重环境卫生，使人类安全。像澳大利亚、德国、瑞典和英国等国家在这方面位居前列，而海地、苏丹、利比里亚和索马里这样的国家位居最后。[13]

发生了什么？为什么预测的生态灾难没有发生呢？首先，人类偏好随着更好的生活条件而发生改变。如果要你在环境可持续发展和让你的孩子即刻拥有幸福之间选择，这真的很难。但是随着财富的增多，孩子得以健康成长，父母可以投资于孩子的未来，这时再做选择，许多人会选择后者。自20世纪70年代开始的环境保护运动的发展就是由于这些观念的改变。作为消费者和选民，对于风险的关注给了我们动力去做出改变。1952年的伦敦烟雾事件推动英国政治家们在1956年通过了一项清洁空气法案，带来了烟气控制区域，促成了从使用脏煤炭到使用清洁煤炭、电器和天然气的转变。

同时，科技进步为环境友好型的生产和交通创造了新的机会。污水处理和固体废物管理减少了环境污染。过滤器、洗涤器、吸附剂和更智能的生产流程的使用，减少了工厂废气排放。汽车成为更环保的交通工具。令人震惊的是，现在一辆发动中的现代化汽车，其尾气排放量要远远小于 20 世纪 70 年代停在停车场、会出现汽油泄漏的汽车。[14]

同样，大众担心和宣传的癌症泛滥现象从未发生。今天癌症多发的原因多是由于我们变老这一事实。根据美国国家癌症研究所指出，这是一个好迹象：“这似乎只是因为新癌症病例报道的增加是随着人口不断扩大和老龄化上升所致。”[15] 一般癌症被诊断出的年龄是 65 岁。1900 年，最富有的国家的预期寿命是 50 岁。相比较现在越来越多的人患上癌症，可能只是因为昔日人们的寿命不足够长，还未到癌症高发的年龄。

几乎在所有的年龄群，病发率都在下降。世界卫生组织等机构估计，环境中的污染和化学物质造成了不超过 3% 的癌症病例，大多数患者是长期接触化学物质的工业领域的工作者。美国国家科学院得出的结论是，我们饮食的合成成分可能比自然成分更安全。[16] 自然的就是好的，人工的就是坏的——这一思想是没有科学依据的。毕竟，烟草也是自然物质。

我们经常低估自己的创造力。我们担心会耗尽地球上的资源，这是一个简单而直观的模式，认为我们使用一定数量的原材料（如煤炭）来得到我们想要的东西（如能源）。我们有固定数量的煤炭，然后我们用一定比例的煤炭来创造所需的能源。随着人口增多，我们需要越来越多的能源。因此，煤炭会被耗尽——这是罗马俱乐部宣传的模式。

经济学家朱利安·西蒙断言，上述理论的每一点都是错误的。是的，他指出，某种给定的资源的数量是一定的，但是并不局限于我们所认定的数量。我们有尚未发现的储备能源，只是尚且经济上不易开采，或不具有可循环性。我们也不是定量地使用资源，相反，我们正在使用更少的资源获得更多的单位产量。此外，需求不是为了资源本身，而是为了我们能拿它来做什么，新技术和创新可以让我们发现其他的迄今为止不可预见的资源，以实现我们的需求。如果市场是相对自由的，短缺将意味着更高的价格，在这种情况下，我们会节约更多的原材料。假设一种资源耗尽，我们会发现甚至发明出替代品。最重要的资源是人类的大脑，而这是一种愉快的可再生的资源。

朱利安·西蒙的观点被证明是正确的。罗马俱乐部所担心的几乎所有的库存资源的数量都增加了。有几个资源数量已经翻了 4 倍。1972 年，罗马俱乐部的计算机数据显示，已知的铜矿储量将会在未来 36 年里耗尽。已经 40 多年过去了，现在铜矿应该已经耗尽了。当时据估计有 2.8 亿吨可使用的铜矿。此后几乎近 4.8 亿吨的铜矿被消耗，超过了原来的储备，而现在世界铜矿储备据估计已达约 7 亿吨。如果加上可能存在的储备，我们现有的铜储备可供使用 100 年至 200 年。

资源以一种更有效的方式被使用。新的储备被发现，新技术让我们能够获得那些以前接触不到的储备能源。另外，人们减少了对铜矿的依赖，铜矿被更优质的材料所取代。电话连接使用光缆技术，或无线技术，而不是铜线。

所以我们从未用尽资源。资源也没有涨价。根据《经济学人》的工业商品物价指数所反映的，原材料的真实价格从 1871 年到 2010 年下降了大约一半，尽管这是在大宗货物价格周期迅速消退之前。但是这些下降的原材料转化成了 140 年内每年 -0.5% 的复合增长率。[17]

以上事实表明，人类正在寻求解决这一问题的方法。但与此同时，随着农业、工业和交通的快速发展，许多贫穷和中等收入国家的情况并不好，并且正在恶化。自 2000 年以来，遭受空气污染的人数增加了 6 亿，总共有 18 亿。[18] 印度、巴基斯坦和孟加拉国的许多城市遭受着超过安全标准 10 倍的污染。

重要的是，要意识到这一点——加速贫穷国家的工业化以及财富创造，是处理污染的方法。就像西方工业革命加剧了污染，但是解决了早期死亡和贫穷的严峻问题一样。这个过程不仅会帮助减少总体的贫困和死亡率，而且还可以帮助解决对人类构成更直接风险的传统的环境问题。

贫穷国家严重的环境问题并非因为滥用技术或财富发达，而恰恰是缺乏技术和财富。由于缺乏电力、天然气和石蜡，数十亿人想要做饭，就不得不用明火或简易炉灶燃烧木材、粪便和煤炭。在世界三分之一的国家中，超过一半的人口使用固体燃料，特别是在非洲和南亚。因为旱季太热、雨季太湿，再加上风吹，人们很难在室外找到一个能维持做饭所需要的恒温的地方。因此，人们在室内点火，这导致肺部疾病、肺癌、儿童肺炎和其他急性下呼吸道疾病。根据“全球疾病负担”计划，家庭空气污染每年会夺走350万人的生命。如果这是准确的数字，那么，不干净的室内空气每10秒钟就会夺走一个人的生命。

正如我们之前看到的，缺乏安全的饮用水和卫生设施可能更致命。这些传统的环境威胁在工业化国家已被解决。对于贫困国家欢迎工业生产和现代能源，我们不应该觉得奇怪，尽管这会带来更多的环境问题。

技术和偏好的变化改变了西方国家的环境，希望这也适用于行走在致富道路上的贫困国家。有一些迹象表明，许多国家开始控制用水量并减少环境污染。2004年到2014年，环境绩效指数监控的178个国家中，172个国家表示实行的环保行动取得了效果，只有6个国家的情况变得更糟。

有趣的是，贫困国家经常比发达国家在更早的发展阶段整治自己的行为。部分原因是他们可以从错误中吸取教训，并且发达国家研发出的绿色科技可以直接被贫困国家所利用。比如无铅汽油，美国在1975年开始使用无铅汽油。印度和中国在 1997 年开始使用无铅汽油。[19]

据文献记载，环境库兹涅茨曲线（EKC）的可能性经常被拿来讨论。根据这一点，很多形式的环境退化呈现倒 U 曲线。随着国家变得更富有，其对环境的破坏呈上升趋势，但到了一定时间，收入上的增加会带来进步。随着国家开始变得富裕，对环境的破坏增加了，但在某种程度上收入增长带来了进步。1992 年到 2009 年的 103 项经验主义研究中，有 878 项观察证实了这一点："结果显示，环境库兹涅茨曲线的出现可测量景观退化、水污染、农业废弃物、市政污染及其他形式的空气污染。"[20]

这给了我们希望，因为许多贫困国家正离高收入越来越近。然而，有一个不容忽视的例外——从化石燃料中排放的二氧化碳，只有达到高收入水平之后才会开始下降。这是令人担忧的，因为大气中增加的二氧化碳和其他温室气体使全球气候变暖，变得比其他情况下更不稳定。

这引发了很大的争议。结果是未知的——可能有益，也可能带来全球性的灾难，这在很大程度上取决于温度到底上升了多少。更多的二氧化碳增加了全球有机物的产量，更多的人死于寒冷而不是温暖——自 1979 年至 2006 年，数量约是美国人口 2 倍的人死于过度寒冷，而不是过度炎热。[21]

如果温度上升太多，则会导致更频繁地出现洪水、干旱、物种消失、热带疾病、飓风和冰川融化等情况。后果严重，代价巨大，特别是在贫困国家，因为他们没有必需的资源和技术来应对巨变。即使最坏的情况不会发生，控制气候变化来应对这些问题也是值得的。至少，你不必因为担心房子会被烧毁而为它买保险。

但是，极端控制二氧化碳的排放量可能会适得其反。有人认为最好的办法是限制排放量，但这种观点未必是正确的。重要的是，我们的气候政策不能影响我们创造更多的财富和更好的科技，以及造福世界上的穷人。否则，这将是一个杀死病人来治愈顽疾的讽刺事例。世界上最大的问题仍然是贫穷和传统的环境问题，如空气污染和水。现在在全球人口身上强加太多的限制，可能会让穷人的生活更加困难。

贫困国家应该只使用太阳能或其他形式的可再生能源而

不是化石燃料——说起来简单，但以现在的技术来说这样做太过昂贵，提供不了足够的能源。如果不投资于燃气，100亿美元可以帮助 9000 万人脱贫。如果同样数额投资于可再生能源，它只会帮助 2000 万 ~2700 万人脱贫，剩下的 6000 多万人将会挣扎在贫困和黑暗中，并会有成千上万的人过早死亡。

在任何情况下，我们都需要更多的财富和新技术来解决新的问题——从全球变暖到其他类型的威胁，比如复发性传染病、地震、海啸、火山爆发、陨石撞击或自然气候变化。一边倒地只计算一种风险，会使我们更容易被其他问题所侵袭，即使那个特定的风险在目前是最严重的问题。

最严重的伤害总是发生在最贫困的国家，这在一定程度上也直接导致了他们的贫穷。我们经常估算灾难带来的经济损失，但是富裕国家因为拥有更多的财富，以至于它们能承受更大的财务损失。根据联合国的数据，从 1970 年到 2008 年，有 95% 的自然灾害死亡发生在中低收入国家。拥有更多的财富使我们可以拥有更安全的基础设施建设、建筑规范、卫生保健、有效的预警系统和更好的预防工作。正如作家、科学记者罗纳德·贝利所说:“当糟糕的天气遇到贫困,它会制造更大规模的死亡和破坏。”[22]

有一种普遍的看法是:相比其他文明,高度依赖技术的文明在处理崩溃时表现更糟,因为他们太依赖于复杂的系统,而这个系统可能失败。那些富裕的、依赖眼花缭乱的高科技的西方人似乎总会直觉般地感受到社会崩溃的焦虑。但是这其实是不正确的。20 世纪 90 年代初,相对发达的南斯拉夫在内战时期,仍然能够使用创新的解决方案来维持基本的卫生水平、安全的水以及取暖和烹饪的能源供给。当内战在不发达地区的塞拉利昂爆发时,没有这样的简易安全网络可以创建,而它的贫困人口退到了过去的水平。全球卫生组织的一本教科书总结道:“与普遍的看法相反,发达的科技型社会似乎比贫困社会拥有更好的资源,这使得他们可以在战争中保持正常运转。”[23]

数据确实指向这种情况,随着时间的推移,当世界变得更富有,自然灾害应该会变得不那么具有破坏性。尽管人口一直增长,并且我们在不适宜的地区建立了更多的城市,比如沿海地区,但是死亡率却在下降。一篇论文浏览了 1900

年到 2008 年 EM-DAT 国际灾害数据库，一共有 8498 个关于死于干旱、火灾、暴风雨、洪水、大规模的潮湿的块体运动（如雪崩和山体滑坡）和极端温度事件的报道。自 20 世纪 20 年代以来，尽管人口增长显著，这些气候事件却几乎每 10 年都在下降。每年的死亡率——死于自然灾害的风险也惊人地下降了 94%。[24]

这很关键，因为所有的经验和模型都认为，全球变暖导致的最大灾害将会发生在贫穷国家。它们需要发展来对抗全球变暖。如果全球的人均年度经济增长保持在 2% 左右，一般人在 100 年的时间内将比今天富裕 8 倍。随着人类掌握更多的资源、科学知识和技术，很多今天威胁我们的问题将在未来更容易解决——从适应全球变暖开始。

很多方法都可以在减少二氧化碳排放的同时保证正常的经济增长、贸易和能源使用。这包括更高效的生产过程、更少的能源消耗型建设，以及新能源的利用。最近，我做了一部关于世界经济的纪录片，这让我近距离地接触了马士基 3E 级集装箱船——“马士基·麦金尼·莫勒号”。这是一个远洋巨兽，有 20 层楼高、396 米长。如果船上的 1.8 万个集装箱用来装载火车，车厢将有 21 米长。尽管其个头巨大，但它可能是至今最环保的运输货物的方式。

部分原因是，它虽然携带了如此多数量的集装箱，但是有先进的推进系统——它有一个超长冲程发动机，可使每一滴油行驶更多的里程。螺旋桨的旋转速度比通常的要慢，但是推进效果被更大的直径补足了。

这样的创新可以用较少的资源做更多的事。在过去 150 年里，西方世界产生财富所需的能量每年下降 1%，并且速度还在加快。如果美国的技术水平在 1900 年冻结，美国会比今天产生高 3 倍的二氧化碳排放。

效率正在提高是事实，但这对于减排是不够的，因为明天地球上会有更多的人口，他们都将代谢出相比过去更多的物质。二氧化碳的排放不再遵循线性增长，但它们仍然在增加。

然而，在一些发达国家，可能已经达到了转折点。美国、英国和欧盟已从 2000 年开始减少二氧化碳的总排放量。如果绿色科技帮助我们减少排放量，并且富裕国家也充分利用绿色科技，那至少说明财富和科技不是造成二氧化碳过量的罪魁祸首。这表明，解决方案并不是转身回到过去，而是加强现有的趋势，来确保研发更多价格更便宜的替代燃料和新能源。用烟尘排放税给温室气体的排放定价，人们排放二氧化碳就要支付相应的费用，这会有所帮助。

科学家和企业家正在努力研究，试图改善旧技术、发明新技术、寻找全新的道路。第三代核反应堆有更好的热效率、高超的燃料技术和被动安全系统，它们依靠发生紧急事件时得到冷却的物理现象。这改善了安全性、降低了成本并延长了约三分之一的使用寿命。福岛第一核电站的灾难起源于功率损耗，使得放射性物质和燃料不能被冷却。而被动安全系统则可以通过重力循环水来冷却核电站和循环外部冷空气。

现在科学家们和各公司正在研制第四代核能。这是反应堆研究的总结术语，到目前为止，只有实验。他们都有被动安全系统，能够在相同燃料中得到数百倍的能源，而没有废弃物燃料的问题产生。快中子反应堆也可以燃烧垃圾。一个机智的安全创新是快中子反应堆燃烧液态金属燃料。当温度过热时，燃料自身会膨胀或减缓自己的反应。切尔诺贝利或者哈里斯堡灾难将不再发生。

真正的游戏规则改变者是小型模块化核反应堆，一些公司正在研究。比尔·盖茨已经投资了特拉派沃公司，想要建造一个使用放射性废弃物作为燃料的行波反应堆，不需要加油，不会熔化。思路是把它们建在工厂，完全密封，运行几十年而无须人工干预。核反应堆也可以自我消亡。如果这样可行的话，它们就像是被放进一个混凝土孔道——构建、埋葬并被遗忘。特拉派沃公司的创始人认为，我们可以仅燃烧或处理现在库存的贫铀和乏燃料棒来为整个世界供给原料。[25]

政府补贴乙醇被看作是失败且代价高昂的行为。但现在我们开始看到生物燃料的发展。大型石油公司和小型创新型起步公司正致力于从藻类中生产新一代生物燃料。藻类每英亩（约 4047 平方米）能比传统的乙醇生产多 30 倍的能源，最终的目标是实现数百倍能源的产出。这不是唯一的优势——藻类可以生长在任何地方，所以它们不必与宝贵的农田抢夺资源，它们生长时可以用海水而不是淡水。因为藻类以二氧化碳为食，我们可以让藻类吸收排放物，使烟囱排烟的状况好转。

也有新的、有趣的可能性，可以帮助我们得到更多来自太阳的能量。2004 年曼彻斯特大学研发出的石墨烯是一种令人难以置信的新材料。这种材料薄得惊人并且十分灵活，只有一个碳原子厚度，这使得它几乎是二维的。同时它也非常结实耐用，抗腐蚀，有高效的导热和导电性能。这种材料可以大大改变太阳能的经济效益，因为如今大多数太阳能电池使用昂贵的铟，而碳原子并不罕见。到目前为止，石墨烯在收集太阳能电池的电流方面的表现并不理想，但科学家正在努力解决这个问题。如果成功了，将来我们就可以把所有的物体变成太阳能发电站。想象一下，你的房子、衣服、车或道路都被太阳薄膜所覆盖。

这甚至不是最令人兴奋的科技工作。在世界各地的实验室，成千上万的科学家和工程师正在尝试变革能源——从更智能的日常电器到探索如何开发宇宙空间。如果其中一个成功了就会改变整个世界。

有些人梦想着在太空中实现太阳能发电。太空中没有黑夜、大气气体或遮挡阳光的云。某些形式的微波发射机或激光可以直接将能源指引到需要它的地方。但我们可能需要在遥控机器人的研究上获得重大突破，才能在太空领域中生产和维护太阳能电池板。

在离家更近的地方，其他人正在致力于互联网能源领域，这是一个智能的、分散的系统，包括电线网络、传感器和开关，其中的生产者和消费者可以把信息和能量传输进网络，也可以从网络中取出信息和能量。当不需要能源或者能源稀缺的时候，设备会自动关闭，所以洗碗机可能在半夜开始运行。这可能也有助于解决太阳能和风能的存储问题，因为能量在不使用时可以被存储在电器、汽车和房屋里。你可以在电价较低时给汽车充电，在电价较高时把电传输回输电网。

许多公司正在研究人工光合作用，将阳光、水和二氧化碳转化为“太阳能燃料”将不需要任何生物。有些公司正在进行细菌基因改造，使其吸收废弃物转化成原油。遗传学家克雷格·文特尔正在拿藻类植物做实验，你可以决定你是否想要汽油、柴油和喷气燃料，然后向藻类发出相关的DNA指令。

一些科学家正在研究消除空气中的二氧化碳的方法。这可能听起来有点牵强，毕竟这是树的“工作”。到目前为止，这是非常昂贵的，但是科技在变化，会有从实际上扭转全球变暖的方法出现。目前一个很大的好处是，机器不需要接触排放的能源，所以机器可以放在能源最便宜的地方，易存储并有效利用二氧化碳的地方。

没人知道结局是怎样的，这就是我们需要更多的知识、实验和协作的原因。上述章节告诉我们，发展来自更智慧的大脑，和发现更多问题并试图解决问题的双眼。

随着电力和互联网的传播，越来越多的人了解世界上正在发生什么，并有机会参与其中。我有幸看到摩洛哥村庄里的年轻男孩和女孩第一次接触到电力，当他们上网的时候，他们即将进入一个全球化的世界。他们不仅能学会读和写，他们还可以获得目前已知的所有的人类知识，并可以基于这些发挥自己的聪明才智。全球变暖问题的核心是我们对能源的需求，这事实上也是解决方案。

7

消失的文盲

Literacy

头脑不是一个要被填满的容器，而是一把需要被点燃的火把。

——普鲁塔克[1]

1977年，当莱斯·伯格和斯蒂·卡尔松在塞加尼的印度村遇见了农业工人巴佳特时，巴佳特并不知道他住在印度。起初，他认为摄影师卡尔松有眼疾，因为卡尔松总是在眼睛旁架着一个机器。巴佳特有两个女儿，一个8岁，另一个12岁，她们无论是在家、在田里还是在农场里都是工作的好手。巴佳特属于印度等级制中最低贱的阶层，村中的低等阶层的人民无人受过教育。他们接触不到新闻，不知道世界其他地方，也不被世界所知道。从某种程度来说，出于这个原因，他们一贫如洗。

在第4章中我们讲到过，这个故事有个圆满的结局。2010年当伯格返回村庄时，这里已经变成一个有文化的村庄。在巴佳特那一代，几乎无人识字，但是其下一代已经有许多人接受教育了（尽管他的孩子没有）；再下一代几乎所有人都接受了教育。人们通过网络了解新闻，拿着手机走来走去，把自己看作是世界的一部分。

他们讨论其他大洲的战争及全球物价。现在，巴佳特拥有一辆拖拉机，他的孙子用这辆拖拉机为更大的农场工作。他的孙女西玛是一名计算机技术人员。

当我参观印度各个城市时，总是会被经常出现的穿着校服的孩子们所吸引，他们成群结队，来往于上学的路上。自从印度在 1947 年独立后，识字率就从 12% 上升到 74%，尽管如此，印度始终是世界上文盲率最高的国家。但是现在，年龄在 15 岁至 24 岁，且拥有识字能力的青年人，占比已经超过 90%。

识字能力使印度的新生一代能够接触到更广阔的社会，使他们能够学习新技能和新思想，获得更好的工作，成为更加独立的人。但是巴佳特也有怨言。年轻人拥有了更好的教育后便不清楚自己的位置了。他们抵触自己的父母，抱怨自己的处境。他们不再知足，而是想要更多。伯格指出，这主要是因为村民们开始把关注的目光转移到这个充满神奇的世界，而不是他们世代耕种的农田。他们开始有了梦想。[2]

识字能力，即读写文章的能力，是最重要的技能之一，因为通过它能够获得更多的技能。它能使人的知识有更大的用处，能够直接有效地减轻贫困，能够让人学习新的技能和思想，这些技能和思想使得人们更富有生产力和创造力，从而更好地使用科学技术。它也能让人变得积极而富有见识，开始关注及分享世界知识和有趣的见闻。识字能力在人类健康及子孙健康方面已经显示出极强的影响力。

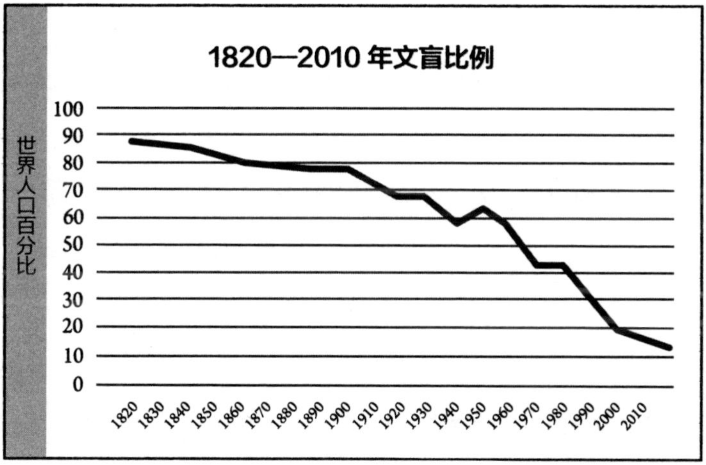

资料来源：经济合作与发展组织，2014

200 年前，根据经济合作与发展组织的数据显示，只有 12% 的世界人口拥有读写能力。[3] 在那之前，识字能力几乎只存在于官僚阶层、教会和商人阶层。沿着丝绸之路和欧洲河流，跨过撒哈拉沙漠，商人们通过字母和数字来记录交易。宗教改革之后，许多北欧国家的教会普遍鼓励人们阅读，但阅读文本多是宗教文献，一般不包括写作。大多数的学校被教会所管制，注重宗教教育。

许多欧洲精英阶层认为让穷人接受教育是很危险的事情。穷人们会不满足于自己的生活现状，拒绝接受命运的安排。但是在 19 世纪初期，一些国家，如英国，慈善团体及慈善家们就开始建立穷人专用学校，国会也开始投入资金。19 世纪 70 年代，初等教育成为义务教育，贫困家庭可以免除费用。公众对教育扩张持开放态度。根据英国皇家专门调查委员会的研究，在初等教育成为免费义务教育之前，英格兰和威尔士的 95.5% 的适龄学生其实都已经进入了学校进行学习。

识字能力也代表着拥有优秀的人际关系。人们的读写能力越强，从中受益越大。如果进行商业和文化活动的人都是有文化的人，文盲就很难参与到社会活动中。在大多数社会中，识字能力变得越来越普及，且此趋势一直维持不变。早在1963年的瑞典，安德斯·比尔就写到诺尔兰（瑞典北部人烟稀少的地区）的居民非常喜爱写信，尽管公立学校非常稀少，但识字的人会以极大的热情指导别人，所以普通百姓甚至农民都有读写能力。[4]

读写能力的进步紧紧追随着经济的发展。在西欧、美国和加拿大，人民大众不断提高的收入及受教育水平意味着，在19世纪晚期有90%左右的孩子参加学校教育。那时，大部分人有基本的认字和识数能力。又过了半个世纪，东欧、意大利和西班牙出现了同样的情况。

工业化较晚的国家，识字能力普及得也晚，但是就像前几章的情况一样，它普及的速度也很快。在20世纪初期，一些发展中国家，如智利、古巴和阿根廷，宣称其国家有50%的识字率，但是像印度和埃及这样的国家识字率低于10%。虽然在北欧和北美等地区，人们早在创立公立学校制度前获得了读写能力，但必须承认，学校教育在世界上其他国家起了更大的作用。

1900 年，南亚、中东和撒哈拉以南的非洲只有低于 10% 的人口获得了基本教育。直到 20 世纪 90 年代，这个百分比是 50%。今天，这个数字是 70%。甚至是在撒哈拉以南的非洲，这个数字也达到了 60%。在拉丁美洲，这个比例从 1990 年的 23% 增长到 2010 年的 94%。在东亚，从 30% 增长到 90%。在全世界范围内，学生在校的平均时间，从 1950 年的 3.2 年增长到 2010 年的 7.7 年，比 1950 年瑞典的平均值还高。[5]

全球识字率从 1900 年的 21% 左右增长到 1950 年 40% 左右，在 2015 年达到 68%。这意味着，如今，只有 14% 的世界成年人口不会读写，然而在 1820 年只有 21% 的成年人口会读写。[6]尽管存在着不平等，我们同样看到了迅速趋同的趋势。贫困国家人口识字率以前只有发达国家的八分之一，如今，这个数字变成了二分之一。[7]

许多惊人的成绩都是近几年取得的。从 1990 年开始，低收入和中等收入国家的小学入学率从 80% 增长到 91%。在南亚，这个数字从 75% 增长到 95%，在非洲北部，这个数字从 80% 增长到 91%。[8]联合国考虑将评判全民教育的入学率门槛设定为97%。据此标准，除了撒哈拉沙漠以南的非洲，所有地区都已达到或接近这个标准了。但是撒哈拉沙漠以南的非洲拥有比其他地区更快的增速，自1990年从52%增长到80%。极少的非洲国家在“二战”前只有超过5%的小学入学率，考虑到这个事实，这已是一个了不起的壮举。[9]

从1990年至2015年，尽管世界人口越来越多，世界失学儿童的数目已经从1亿人次下降到5700万人次。他们中的大多数生活在撒哈拉沙漠以南的非洲，因为经济收入是入学的最主要影响因素之一。在发展中国家，最贫困的五分之一地区中有22%的适龄儿童失学，但是在最富有的五分之一地区中这个数字仅有5.5%。贫困地区儿童小学肄业的风险比富有地区高5倍。[10]

直到1970年，发展中国家有一半的年轻人还是文盲。今天，文盲率已不到五分之一。今天的文盲多数是年轻时没有接受过教育的老人。发展经济学家查尔斯·肯尼说：“文盲情况已经快速成为青年人可治疗的疾病，而不是成年人的慢性疾病。”2015年，全球青年识字率是91%，自1990年以来增长了8%。[11]

尽管正统的学校教育为此做出了最大的贡献，但是各地涌现出的许多意在提高成人读写能力的大众读写活动，也对识字率的提高做出了卓越贡献。这通常是国家独立或一次重大的政治过渡之后，促进民族团结的一种方式。1974 年，索马里行动的成员向他的民众呼吁：“如果你有知识，就去教导别人；如果你一无所知，就去学习。”民众争相响应，识字率从 5% 增长到 20%。1942 年 5 月，泰国的第一项全国活动就是号召 1400 万人民阅读。在欧洲发展组织的援助下，坦桑尼亚政府从 1967 年至 1975 年使识字率增长了 1 倍。[12]

高收入和和平的环境为教育提供了有利的支持。1820 年以来，识字率的唯一一次下降发生于“二战”期间。发展部门会为参加学校教育的父母提供奖励。如果上学能使孩子获得更健康长久的人生，拥有更好的就业待遇，那就值得为教育付出金钱。印度政府顾问考什克·巴苏在 2012 年指出，印度识字率的剧增是由于父母决定在孩子教育方面进行更直接的投资。普通人意识到，在经济全球化背景下，如果接受更好的教育，他们会快速获得更多的东西。[13]

这种情况在私立学校发生得更多。现在几乎四分之一的印度孩子会选择花钱去私立学校。父母愿意花这笔钱，因为公立学校经受着与政治体系相同的贪腐，许多钱都被浪费了。2010 年进行的对印度公立学校的调查显示，四分之一的教师已离职。最近人们发现，巴基斯坦正在为 8000 所（占国家学校总数的 17%）根本不存在的学校支付工资。[14]

詹姆士·托勒是一位英国教育政策教授，专门研究全世界的私人办学情况。他声称，在孩子的教育方面，父母比政府更有话语权。他见过亚洲和非洲贫民窟的父母，这些父母谈论着他们见过的最好的学校，他们会不断参观学校直到发现最适合的。当发现好学校之后，父母就会让孩子转校，这也促进着私立学校不断努力提供最好的教育。有时政府创立的公立学校只是为了给捐赠国留下入学率升高的印象，根本无法提供合适的教育，但是私立学校必须用成绩留住学生。[15]

女孩从教育普及中受益最多，因为她们通常是最受歧视的。就像统治阶层害怕穷人会反抗一样，男性害怕女性在接受知识后发展太多的独立性（有趣的是，在 16 世纪，出版商开始提供开本较小的书，这样就不会被丈夫发现）。

当瑞典在 1842 年创建了全国性的六年初等教育时，一个国会的著名牧师对女孩竟然被纳入现行教育体制中表示惊讶。他问道："她们学习写作有什么用处呢，给未婚夫写奇怪的情书？"

反对女性接受教育的反对派，仍然在保守派和原教旨主义地区扩张。塔利班在统治阿富汗期间，禁止女孩上学，地下学校的女学生和老师都有被处决的风险。巴基斯坦塔利班甚至试图杀害 15 岁的马拉拉·尤萨夫扎伊，因为她促进了斯瓦特山谷地区女孩的教育发展。但是在世界上的大多数国家，参与教育的女性数量已越来越接近男性的数量。从 1970 年至 2010 年，全球女性和男性的受教育比例已由 59% 增长至 91%。在 15 岁至 24 岁的年轻群体中，这个比例达到了 96%。[16]

1990 年，中、低等收入国家的女生，其小学、初中、大学的入学率是男生的 80%。到 2015 年，女生的小学、初中的入学率是男生的 98%，大学入学率是男生的 1.01 倍。这是一项惊人的成绩，不仅对于宣扬机会平等有很强的重要性，同时让儿童死亡率随着妇女教育水平的提高而下降了。[17] 这些现象发生的缘由部分是由于受教育能够找到工作，得到更高的收入、更健康的食物、更好的卫生条件和更干净的水资源。然而，除了这些，还有其他因素显示，受过良好教育的母亲会对孩子的健康问题主动承担更多责任，而不是相信疾病和死亡是由上帝和命运决定的。

没有人能比弗雷德里克·道格拉斯更能见证识字的力量——这使他从一个美国黑人奴隶成为著名的演说家和改革家。1838 年，在他 30 岁时，他成功摆脱囚禁，跳上了通往北方的火车，最后来到了纽约。他不知所措，无法形容自己的喜悦：“痛苦与悲伤像黑暗和雨季，可以被描述，但是喜悦和快乐，就像彩虹，任何文字在它面前黯然失色。[18]

当道格拉斯开始自学用笔书写的时候，他就踏上解放自己的路上了。奴隶主修·奥尔德的妻子教他认识字母。但是奴隶主不同意，他担心一个有文化的奴隶会不满于人生并开始要求自由。

道格拉斯不放弃任何可以脱离精神黑暗的机会。他与在街上遇见的白人男子交朋友，向他们学习如何认识字母和单词。当他被派遣差事的时候，总会随身带本书，好快速办完差事，并在回去之前利用多余时间学习。之后他自学了写字，方法是告诉所有他见过的男孩，他可以写得跟他们一样好，以通过竞赛的方式学习。男孩们写完字母后，他就用一块粉笔在木板栅栏、砖墙和人行道上抄写。

结果证实奴隶主修·奥尔德的担心是对的。学会了读写后的道格拉斯明白了自己的处境，他开始谴责奴隶制。道格拉斯说，当他学习写字的时候，他开始把自己看作独立的个体，而不是奴隶主眼中的自己。通过私下阅读书籍和报纸，他了解到，在有些地区黑人是自由的，白人是反对奴隶制的。他了解到有奴隶逃跑后，就开始策划自己的逃跑。他甚至开始每周一次秘密教授种植园的其他奴隶阅读。

费雷德里克·道格拉斯说，识字能力解放了他。但是在他未获自由前，有时他认为这更多的是一种诅咒而不是眷顾，因为这令他看到了自己骇人的处境，而没有任何解决方法。这使得他对自由充满巨大的渴望。

> 自由的银色徽章激起了我灵魂的永恒觉醒。自由已

经出现，并会永恒地存在着。我可以听到自由的声音，可以看到自由的影子。它曾经置我于悲惨的境地折磨我。拥有了它以后，我才看到这个世界，听到这个世界，感受到这个世界。它在星光中注目，在平静中微笑，在微风中呼吸，在风暴中前行。[19]

8

自由

Freedom

历史不过是由罪恶和灾难构成的静止的舞台造型罢了。

——伏尔泰[1]

在弗雷德里克·道格拉斯大约10岁的时候，他的奴隶主去世了。而他并未留下任何遗嘱，因此财产需要进行评估，并被分配给他的儿子和女儿。弗雷德里克和其他的奴隶立即被召唤前往。所有人都聚集在一起——男女老少，已婚者和单身者。“马与男子、牛与妇女、猪与儿童，他们在生命范围内都处于同一等级，并都需要受到同样严格的审查。”

但与接下来的情况相比，这种对于年轻人和老年人彻底的非人性化做法不值一提：

我们的命运在当下就要被抉择。同那些将我们进行分门别类的残酷之人相比，我们不再有任何发言权。哪怕白人口中的一个词语也足以抵消我们所有的愿望、祈祷以及乞求，也足以永远切断我们同最亲爱的朋友、亲属和对人类来说最重要的纽带。[2]

同时奴隶们非常清楚地知道，如果他们落在非善之人的手中，比如一个更加残酷的主人手中，他们注定要整日忍受无限的痛苦和折磨。

奴隶制是世界上众所周知的最残酷的压迫形式。奴隶是属于某些人的一类财产，可以被呼来喝去、任意打骂、随意送走或出租。这种情形在当时随处可见。实际上，奴隶制曾经如此普遍，即使那些少数声称反对该制度的人也往往自己就拥有奴隶。奴隶们被迫要求完成日常杂事和手工杂役，也要在田地中或矿井下劳作，甚至会被迫进行卖淫行为。

一位名叫迪克·哈里森的瑞典历史学家，曾书写过关于奴隶制具有里程碑式的历史。他提到，仍未发现任何一种文明在某个时间段可以做到不实行奴隶制。在学术界及当下热烈的争论中，我们更加倾向于关注奴隶制度的某些变化，如大西洋奴隶贸易（我也在做这方面的研究），然而奴隶制一直未曾离我们远去。在欧洲人操控奴隶贩卖贸易之前，30%

~60% 的非洲人曾经被阿拉伯人或其他非洲部落当作奴隶。[3]

在《圣经》中，奴隶制度被认为是自然建立的体系。在旧约中，我们得知："你可以将他们当作你的财产，将他们当作一个永久性的传承而传递给你的孩子"（《利未记》25：45）。同时在新约中，奴隶被告知要"心怀深深的敬畏之情以服从现世的主人，并且就像对待救世主基督那般真诚地为主人服务"（《以弗所书》6：5）。

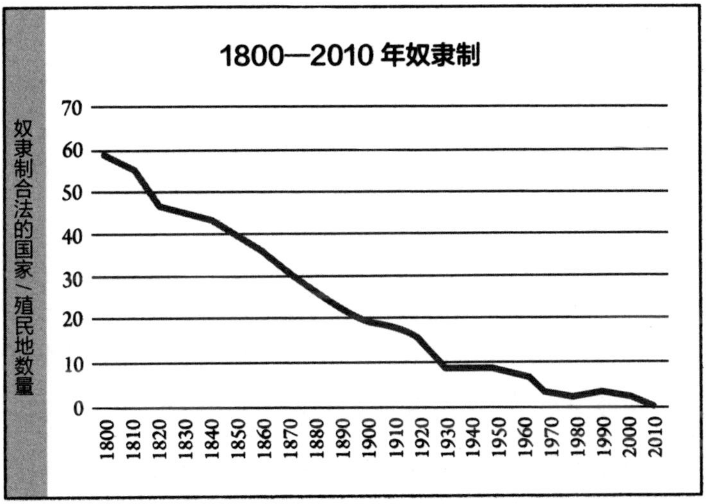

资料来源：《废除奴隶制时间表》，维基百科，2016 年 2 月 20 日

据古希腊历史学家希罗多德所说，在古斯巴达时期，奴隶的数量以7:1的比例超过自由的个人。即使在雅典这样的民主国家，奴隶数量也很有可能多于自由人。如果国家连一个奴隶都未曾拥有，这将是极其贫穷的标志。同时在文学作品中，也常常见到奴隶因不服从主人而被鞭打的类似情景。在罗马时期，全国每个城市都设有奴隶市场，而那些富裕家庭可拥有的奴隶则多达数百名。恺撒大帝即使在战役期间也让奴隶贩跟随，并将囚犯直接变卖成奴隶。我们得知在高卢战争中，恺撒大帝战胜了一个名为阿杜亚都契的日耳曼部落。而之后，他在现场将所有5.3万名幸存者当作奴隶进行贩卖销售。在如此残酷的环境下，奴隶们似乎生活得异常艰难，并且常常伴随着因未能取悦主人而带来的严厉惩罚。在罗马时期，奴隶的平均寿命基本不会超过17年。[4]

欧洲列强通常会使殖民地的全体人口沦为奴隶，并为此提供宗教层面的正当解释。1452 年，教皇尼古拉斯五世给予天主教国家“全面自由的权利以入侵、搜寻、捕获并征服各个角落的撒拉森人和异教徒，以及任何其他无宗教信仰者或与基督教为敌的人，并同时把该国人变成终生奴隶以削减人口”。[5]

随着西班牙和葡萄牙于 16 世纪取得对美洲的控制，当地原住居民开始受到压迫并遭受奴役。然而针对这种情形，也出现了少数勇敢的反对者，其中最突出的是西班牙多明尼加修道士巴托洛梅·德·拉斯·卡萨斯。他认为，当地人有权掌控自己的身体、信仰以及财产。该言论使得其成为人权理论的早期倡议者。

然而远离当时生活的那段时期并非容易之事。即使一位耗尽自己生命中 50 年岁月与奴隶制度斗争的人，也很难解释一个不存在奴隶制度的世界将会如何运转。作为一种替代奴役印第安人的另一种选择，卡萨斯建议西班牙可以将非洲奴隶进口至美国的种植园。然而之后他对此言论表示抱歉，并表明，非洲人应该如同印第安人那般享有同样的个人权利。然而这个可怕的制度在那之后竟继续存在了 300 多年。不同于土著居民的是，死去的非洲奴隶将会不断地由来自非洲的新奴隶所代替，并渐渐成为美国经济的一个主要组成部分。大概多达 1000 万人的命运与大西洋奴隶贸易所牵连，而生存条件则是史无前例的残酷。非洲人被绑架并徒步走到海岸，在那里，他们将遭受很长时间的监禁，直到奴隶船抵达。他们戴着脚镣、手铐和项圈，其中有 10%~20% 的人在被运送至美国的途中死于拥挤的船中。仅仅在船上死亡的奴隶也许就多达 150 万人。

在启蒙时期，伴随着对阶级制度和传统的冲击，卡萨斯提出的关于自我所有权的观点被哲学家们广泛谈论。如同平等主义者理查德・朗博尔德这般，启蒙思想家们通常坚信权利平等，而以下观念则表示不赞成：大多数人生来就有马鞍在背且口含缰绳，而少许人则配有马靴，并装有马刺以驱赶马匹。作为苏格兰启蒙运动的古典自由主义者，弗朗西斯・哈奇森和亚当・斯密很早就对奴隶制度表示谴责，同时英格兰首席大法官于 1772 年宣布奴隶制是非法的。在踏上英格兰或苏格兰土地的那一刻，被带入这个国家的所有奴隶都将被释放。在议会中，威廉・威尔伯福斯也同英国奴隶贸易进行了长达半个世纪的斗争，直至它被彻底废除。

同时，法国启蒙思想家也对奴隶制度表示反对。在 1765 年的《大百科全书》中，丹尼斯・狄德罗写道："购买奴隶是一种违背宗教、道德、自然法则以及所有人权的商业行为，而且所有那些不幸的灵魂都有权被宣告自由。"[6]

有个观点认为，被奴役的人们本属于不同的种族群体，因此奴隶制度是正当合理的。然而伏尔泰对此提出了质疑。他在1756年虚构的《斯卡门塔多游记》（*Histoire des voyages de Scarmentado*）中，讲述了一个非洲人将奴隶贩运船上的白人船员当作奴隶的故事："你们的鼻梁高挺，我们的鼻梁塌陷；你们的头发直顺，我们的头发卷曲；你们的皮肤白皙，我们的皮肤黝黑；因此根据神圣的自然法则，我们必须保持敌对。当比你们更加强大的时候，我们也将令你们成为奴隶。"[7]

对于奴隶制度的欧洲支持者来说，这只是一个有意识的充满哲学意味的想法，然而非洲人奴役白人的想法并非凭空想象。数百年来，欧洲人一直生活在北非巴巴里海盗的恐惧之下。这些海盗袭击沿海城镇，并为阿尔及利亚和摩洛哥的奥斯曼奴隶市场捕获成千上万的战俘。位于西班牙和意大利的部分沿海防线也因此被废弃。17世纪，这些海盗开始袭击英国船只，而当地的家族和教会通过交付赎金来换回水手。新独立的美国之所以创建海军队伍，其中一个原因是为了保护美国商船免遭巴巴里海盗的袭击。美国甚至于19世纪初同巴巴里诸国打响了两场短暂的战争。

最开始挑战巴巴里诸国的总统是托马斯·杰斐逊。他对奴隶制度的观点也阐明了美国与该制度之间的扭曲关系。他于1776年所作的《美国独立宣言》是启蒙运动世界观最有力的总结，并代表了人类自由的权利。如果这部作品抵制奴隶制度，似乎也合乎逻辑，而事实上在初稿阶段的宣言的确如此。其中列举了英国国王的罪行之一：

> 他发动了违背人类本性的残酷战争；侵犯了那些于远方从未冒犯过他的人们所应享有的最神圣的生命和自由权利；蛊惑他们并将他们带到世界的另一端；使他们或在运输途中便遭受死亡。这场属于大不列颠基督国王的海盗战役，是异教徒列国的耻辱，而它也依然继续开放这个允许买卖人口的市场。[8]

然而，这段内容在该宣言出版之前就被删去。美国南部的种植经济过于依赖奴隶，而且该宣言的大部分签署者，甚至包括杰斐逊本人在内，也是奴隶主。改革理念同奴隶体系相互协调并非易事，而彻底废除该制度也只能逐步实现。佛蒙特州于1777年废除了奴隶制，而在1780年宾夕法尼亚州也解放了那些奴隶的儿女。此举为北部其他各州起到代表作用，因此奴隶制逐渐被淘汰。1783 年，马萨诸塞州释放了所有奴隶。在长达 30 年的美国独立战争之后，北部各州均逐渐开始废除奴隶制度。

美国总统杰斐逊于 1806 年提倡将国际奴隶贸易定为犯罪，并于次年通过国会投票，将参与其中的美国人定为重罪。同一月份，大英帝国也废除了本土的奴隶贸易。反对奴隶制度的思潮究竟能走多远，这个问题于 1815 年在维也纳国会上得到了答案。那些拿破仑战争的战胜国都异常保守，且极其反对共和主义与改革。然而他们承认，奴隶贸易“被那些所有年龄段既正义又开明的人们认为是对人性准则及普世道德的矛盾”。在那之后的几十年里，几乎每个欧洲国家都开始废除奴隶制度，如同他们曾经放弃在拉丁美洲的殖民地那样。

1834 年，英国所有殖民地范围内的奴隶制度均已被废除。同时，由于英国对印度的直接控制，印度也于 1843 年在当地废除奴隶制。当时英国组建西非舰队，并于西非海岸搜寻奴隶船只。包括 1845 年之后加入的 36 艘舰船，此舰队成为当时世界上规模最大的舰队之一。在长达 60 余年的时间里，英国皇家海军俘获了1600艘船，并释放了近15万名奴隶，这样做的代价是，某些奴隶主在面临检查的危险时，会直接把奴隶扔出船外。

在美国，北部各州对奴隶制度的反对愈加激烈，然而该体系在南部地区却更加根深蒂固。奴隶进口当时已被禁止，然而南方各州却因拥有约400万名奴隶而自给自足。整个国家因自由地区与奴隶制地区之间的不平衡，造成当时的形势极其危险。在北部，官员有义务帮助奴隶捕手追捕逃亡的奴隶，但与此同时，针对奴隶制度的敌意以及所带来的骚动也异常强烈。

威廉·劳埃德·加里森是废奴主义者中最激进也是最重要的一名改革家。作为一名年轻的报纸学徒，他曾见过许多由奴隶主发布的广告。这些奴隶主为读者介绍如何辨识那些从他们手下逃脱的奴隶，比如因受到鞭打而在背部留有疤痕的男子，比如小脚趾被切下、受过枪伤或在左脸颊打有烙印的某个奴隶。这使他更加确信奴隶制度是一种深重的罪孽，于是他开始致力于出版废奴主义的周刊《解放者》，并许诺追求“苛刻的真理以及绝不妥协的正义”。该周刊总是亏损，令加里森几乎破产，然而为了使美国人直面奴隶制度所产生的道德罪恶，他坚持将此刊物出版了 35 年。加里森曾身处险境之中，比如一名支持奴隶制的暴徒试图以私刑处死加里森，而且如果有任何人可以将他带到乔治亚州进行审讯甚至实施绞刑，立法机构将会给予此人 5000 美元。

一些奴隶制度反对者设立了一条“地下逃亡线路”。这是一条由许多秘密通道、汇合点以及安全屋组成的庞大系统，以帮助奴隶逃往可享有自由权利的美国北部各州或者加拿大地区。在最高峰时，每年有大约 1000 名奴隶成功逃脱。

整个联邦的奴隶制度最终通过一位反奴隶制的总统和一场残酷的内战结束。当亚伯拉罕·林肯当选总统时，美国南部某些州从联邦分裂出去，从而建立了南方联盟并袭击夺取了联邦堡垒。托马斯·杰斐逊认为所有人生来平等，然而南方联盟的副主席亚历山大·斯蒂芬斯认为，该想法是一个谎言，并表示“我们的新政府恰恰是建立在完全相反的想法之上；它的地基已被打牢；其基石已被安置以支持该伟大的真理：黑种人并非同白种人平等。奴隶对那些优越种族的服从既自然又合乎情理”。

美国南部的护教士乔治·菲茨休公开将“1861年南部革命”当成一场反启蒙运动的革命：

> 如同由洛克和1776年美国先贤教导的那般，这是对自然的自由原则的庄严抗议，这是对人类平等及社会契约的严正抗议；同时也是对亚当·斯密、富兰克林和托马斯·潘恩以及其他无宗教信仰的政治经济学家的严重抗议，而这些学者都认为世界已被过度管治。[9]

但正如这个反启蒙运动在知识领域的舞台被抵制一样，它在军事方面也被击败。亚伯拉罕·林肯总统于1863年宣布了一项总统令。该命令要求，在被南方联盟控制的所有地区内，奴隶都要被释放。而在该联盟失败后，林肯于1865年2月签署了宪法第十三条修正案，奴隶制度从此在美国被废除。

反奴隶制的风潮势不可当，即使是最崇尚独裁主义的国家最终也渐渐效仿。

俄罗斯在1861年解放了农奴，奥斯曼帝国也在1882年结束了奴隶制度。20 世纪，德国纳粹却又重新大规模引入奴隶制，然而无论是武力层面还是意识形态层面，这都是绝对失败的制度。历史的长弧终将倾向于自由解放。奴隶制度在阿拉伯世界持续得最久。即使在那里，在第二次世界大战之后也废除了奴隶制。阿曼和毛里塔尼亚早在 1970 年和 1981 年分别废除了奴隶制，但直到 2007 年此制度在当地才被定为犯罪。

几乎没有任何一个例子比奴隶制度更能有力地体现人类的进步。该制度存在于几乎所有国家直至 19 世纪，现在却在世界各地正式被禁止，然而这并非意味着奴役行为如今不再存在。数以百万计的人目前仍然遭受着强迫劳役、债役、非法交易和强迫婚姻所带来的不幸。有时政府并未对禁令强制执行，有时奴役行为也发生在政府无法与之对抗的非正式领域中。2014 年，由自由行走基金会（Walk Free Foundation）发布的全球奴隶指标显示，超过 3500 万人口生活在现代奴隶制之下。其中属毛里塔尼亚和乌兹别克斯坦最为严重，在那里，约有 4% 的人口生活在某种奴役之中。像 IS 和博科圣地这类伊斯兰恐怖组织常常通过绑架来获取奴隶。

然而即使奴隶制度依然存在，也几乎不再有人从原则上进行抵制，因此当下的战役极其不同寻常。如同解放奴隶联合创始人凯文·贝尔斯所说：

> 如今，我们不必赢得法律上的战斗，因为在每一个国家都有反对它的法律；我们也并非一定要赢得经济上的争论，因为没有经济需要依赖奴隶制度(但在19世纪，整个行业可能面临着崩塌)；我们也不必赢得道德的争论，因为无人试图再为它进行辩护。[10]

另一个关于人类解放的重要发展是在某种程度上国家权力受到限制，而且统治者被禁止随意使用政府力量。自政府创建以来，就一直存在限制其权力的议题——通过限制和划分权力以及使政府服从法律和民意等途径。在欧洲，教会和国家之间的斗争限制了双方的发展，因为这意味着将有另一个标准来评价它们的准则。在中世纪的许多城市，行会和公社将自由空间同国王独立分开。于1215年签署的大宪章中最著名的一项，即英格兰国王约翰被迫为贵族提供免受独断专横的保护。仅仅7年之后，匈牙利的“金玺诏书”从宪法上对国王进行了限制，在国王违法时甚至可以有权不服从其命令。

在近代，这场斗争针对欧洲某些家族的专制主义而发动，这包括英国的斯图亚特王室、法国的波旁家族以及欧洲各地的哈布斯堡家族。在 18 世纪像约翰·洛克这样的启蒙思想家提出了原则性的一点：君主并没有天生的统治权；他们的统治权是建立在对个人生命权、自由权和财产权的保护之上。如果他们不尊重这些权利，人民就有权处分他们的统治者。1688 年的光荣革命和 1776 年的美国革命是这方面重要的里程碑，当时统治者被政府所取代，而且权力也受到个人权利的限制以及议会的控制。

9

平等

Equality

人类在文明道路上的前进以及小部落渐渐联合成更大团体，这都是最简单明了地告诉每个人，应将他的社会本能和同理心延伸至自己国家的所有成员，即使本身并不认识这些人。一旦做到这点，将只有一道人为障碍来阻止同理心延伸至所有国家和种族的人。

——**查尔斯·达尔文**[1]

少数民族

事实上，一个民主国家并不代表它可以做到无论在种族、宗教、性别及性取向等因素上都自由、民主地赋予每个公民所有的个人权利。即使在第二次世界大战对抗纳粹残酷的种族主义胜出后，同盟的国家表示，它们仍然存在着许多问题。当戴高乐将军在 1944 年 8 月 25 日希望法国军队解放巴黎时，美国和英国首领接受了此命令，然而接受条件是不包括来自殖民地的黑人士兵，即使他们在法国军队占有三分之二的数量。

自古以来种族主义一直是大多数人理念中自然而然的一部分，而且对于其他群族的敌意（甚至奴役现象）也时常发生。历史长期记录着被视作是下等的民众所遭受的敌意。反犹主义的屠杀席卷了欧洲国家数百年。14 世纪，犹太人被指责为灾祸，因此在许多地方被大规模屠杀。当西班牙在 1492 年成为基督教国家时，新的统治者所执行的首要任务就是驱逐所有拒绝改变信仰的犹太人。10 年后，西班牙穆斯林也被迫在转换信仰和流亡之间做出选择。而 100 年之后，那些在当时改变宗教信仰的人，他们的后代却被流放了。

在 16 世纪宗教战争期间，成千上万的新教徒在法国被屠杀。而 17 世纪的欧洲被长达 30 年的战争笼罩着。在此期间，各个宗教派别为掌控其他宗教的权力而相互斗争。但是是宗教宽容的先驱者认为，战争不应该扩展到天主教教徒、新教徒或是无神论者。在 17 世纪至 18 世纪的英格兰，对抗天主教的致命暴动发生的数量多达数百次。阿拉伯人、欧洲人和美国人奴役了数以百万计的人，而且殖民者独享统治、奴役甚至偷盗他人财产的权力。奴隶制在美国被废除，取而代之的是针对美国黑人实行种族隔离的吉姆・克劳法。

美国几乎经历了所有对抗少数民族和宗教少数派的致命暴乱，包括天主教、犹太教和新教教派，同时也涉及德国人、意大利人和爱尔兰人。在 19 世纪后期，每年都有 150 多名被处以死刑的非洲裔美国人。随着人道主义态度越来越深入人心，种族暴力事件也在相应减少。欧洲的致命暴动在 19 世纪中期开始下降，美国的私刑事件也在 19 世纪后期和 20 世纪早期相应减少。到了 20 世纪 40 年代至 50 年代，除了个别情况，暴乱基本终止。

然而种族主义仍然是一些最受人钦佩并“主张进步的”现代政治家世界观的核心部分。总统西奥多·罗斯福声称，十有九例中“只有那些死去的印第安人才是好人”。伍德罗·威尔逊总统对三 K 党表示赞许，因为他们清理了具有黑人雇员的联邦政府并对餐厅和卫生间等设施进行重新隔离。为了分离白人和黑人，一些联邦办公室设立了隔板。温斯顿·丘吉尔年轻时将殖民战争看成“雅利安人”对抗“野蛮民族”的战争。而且他说“我讨厌印第安人”并“极其支持用有毒气体对付野蛮部落”。[2] 罗斯福总统提名的第一任最高法院大法官和 1944 年副总统的人选都属于老三 K 党成员。

显然，进化使我们可以友善地对待亲缘之间的关系并促进相互的利益，然而也同时使我们倾向于对其他家庭和部落产生怀疑，甚至产生敌意和攻击性。在我们意识到某个部落与自己不同时，这种本能常常自然而然地发挥作用。然而，19 世纪爱尔兰历史学家威廉·E.H. 莱基认为，文明和教育的进步使我们扩大了与那些有益之人的交际圈："曾经我们的慈爱只针对于自己的家庭，而很快地范围渐渐扩大，开始与一个阶级、一个国家、几个国家联盟，然后扩大到所有人类，而最后它影响着人与动物世界相互的往来。"[3]

美国自然历史科学家迈克尔·舍默谈到互换观点原则时表示：我们能感知他人想法和感觉的能力，是受我们的行为以及我们提出诉求的利益影响。声称"我是正确的因为我就是我"是无用的，诉求应适用于每个人的理智和经验。他提出，这需要一定程度的科学思维，以使想法被广泛传播。交换位置并设身处地为他人考虑是一个非常复杂的抽象思维的过程，同理心往往是思考之后的结果。关于宽容的理论最初是由像约翰·洛克这样的启蒙思想家提出，他在 1689 年写道："无论是异教徒、伊斯兰教教徒还是犹太教教徒，都不应该因为他们的宗教信仰而被剥夺在联邦所应有的公民权利。"[4]

一项针对智商的研究表明，人类解决抽象问题的能力普遍越来越好。这个观点以它的发现者詹姆斯·弗林而命名，被称为弗林效应。在研究中，弗林举例说明了一个跨越三代的变化速度。他的同代人在第二次世界大战之后参加智商测试时，平均结果为 100 分。他的下一代在 1972 年做同样的测试时，平均成绩为 108 分。而当他的孙辈们在 2002 年做同样的测试时，平均成绩为 118 分。[5] 在所有致力于实现现代化、具有先进的教育系统和普及大众传媒的文化中，智商提高的趋势似乎都可适用。有趣的是，在智商测试中我们表现较好的是最抽象的部分，其中包括发现规律和解决新问题这样的题目。

心理学家、认知科学家史蒂芬·平克谈到“道德弗林效应”，这指的是人类不断提高从直接经验的具体细节进行抽象的能力，这令我们更可能接受并理解他人的观点。有一个例子是弗林和他的兄弟如何试图通过一个思想实验最终让他们的父亲放弃种族偏见。他们问父亲：“如果您在一个早晨醒来，发现皮肤变黑，这会让您感觉自己不再是完整的人类吗？”他们的父亲反驳道：“这是你说过的最愚蠢的事。谁听说过人的皮肤在一夜之间变成黑色的？”他们的父亲并不愚笨，但他的思想被限制在一个具体的模式中，因此无法思考假设的世界——

在这里，我们可以探索事物的结果并思考道德的约束。[6]

宽容度增强的背后也有其他因素在起作用，那就是开放的市场和不断提高的富裕程度。伏尔泰曾指出，在伦敦的皇家交易所中，犹太人、穆斯林教教徒和基督教教徒相互交易并相互信任，他们只把破产者当作异教徒看待。亚当·斯密和古典经济学家认为，经济不一定是零和博弈的游戏。如果实行自愿原则，除非双方都认为自己可以获利，否则将不会进行任何交易。在商业交易中，外国人、少数民族和宗教少数派并不一定是我们的敌人。

马克思和恩格斯在《共产主义宣言》里指出，“面对着反动分子的愤怒”，自由市场和自由贸易无疑破除了封建关系和民族主义情绪：

> 一切固定的僵化的关系以及与之相适应的素被尊崇的观念和见解都被消除了，一切新形成的关系等不到固定下来就陈旧了。一切等级的和固定的东西都烟消云散了，一切神圣的东西都被亵渎了。人们终于不得不用冷静的眼光来看他们的生活地位、他们的相互关系。[7]

哈佛大学经济学家本杰明·弗里德曼的研究表明，美国和欧洲的经济发展时期通常有益于宽容、开放和平等权利的进步，其中部分原因是，大多数人并不认为其他群体必须为自己的进步而让步。然而经济低增长时期却带来了不宽容、歧视以及偏见。这是由于在资源有限的情况下，每个种族的成功都被视为对其他同类地位的威胁。[8]

政治科学家朗奴·英高赫在几十年来通过对全球价值观变化的研究，发表了类似的看法：

> 处于高压之下的人们往往需要严格并可预测的规则。由于处于危险之中，他们需要确定将会发生什么——他们可容忍的误差极其微小，所以他们需要最大程度的可预见性。而后物质主义者却持有相反的观点：如果在相对安全的条件下成长，人们可以容忍更多的歧义；因此他们也不太可能需要由宗教约束提供绝对严格的规则。对于脱离任何一种成长过程中接受的规范准则的人来说，让他们承受压力的状态要比感到安全的状态消耗更多的心理成本。[9]

20世纪60年代，非裔美国公民权利运动在美国最终获得成功基本不可能纯属巧合。超过20年的经济快速增长为人们带来了更好的生活。自1900年以来，平均预期寿命增加了30年；而识字率也从55%增加至接近90%。在短短的20年里，非裔美国公民的贫困率从75%下降至40%。一些黑人运动员和音乐家如今也是流行文化中的领头人物。[10]

这样的进步导致政府对黑人强加隔离，且南方各州在奴隶制度结束后仍然在剥夺黑人的公民选举权，在当今的时代还有这样的错误令人无法忍受。美国种族隔离制度被这样描述：

> 根据法律规定，种族在很多方面都被严格区分，比如有轨电车、公共汽车和铁路以及学校、候车室、餐厅、酒店、公寓、剧院、陵园、公园、法庭、公共厕所、公共饮水设施及其他公共空间。人们对于种族隔离已经狂热到在俄克拉何马州需要将电话亭按两个种族区分开来；而在佛罗里达州和北卡罗来纳州，如果将黑人学生用过的教科书继续给白人学生使用，这被认为是非法的。梅肯县虽然拒绝了为不同种族配备不同公路的提案，

但理由也仅仅是因为修路的成本太高了。[11]

政府确实采取了一些措施。杜鲁门总统废除了军队中的种族隔离制度，并改变了联邦就业中的种族歧视现象；1954年，最高法院也废除了公立学校的种族隔离政策。当阿肯色州州长下令国民警卫队阻止小岩城中央中学接收9名黑人学生时，艾森豪威尔总统则派遣联邦军队进入该学校保护这几个学生。

但对于种族平等采取的主要措施，主要是靠非裔美国人自己的民权运动。1955年12月1日，在阿拉巴马州的蒙哥马利，42岁的罗莎·帕克斯因为十分劳累而未坐在公共汽车的后面（此空间在法律上属于为非裔美国人保留的空间），最终警察将她逮捕入狱。

因此，一群黑人社区领袖组织发起了巴士抵制运动。他们决定让一个有演讲天赋的浸信会牧师——26岁的马丁·路德·金作为他们的发言人。他也曾因无视国家反抵制法而被命令支付罚金，然而这并未阻止他的决心。尽管他有可能被判入狱14次，有可能被刺伤，他的家有可能被猎枪或炸弹袭击，下榻的旅馆也可能被轰炸，但是在亨利·大卫·梭罗和圣雄甘地的鼓舞下，不管发生什么，他都平静地继续这个非暴力抵抗运动。他表示，美国是建立在杰斐逊政治作风的理想下，因此所有人生来平等并享有相同的不可剥夺的权利，这其中必须也包括黑人。他最终也以被暗杀收场。

由于电视机这个新奇的物品，这些平静且不失尊严的抗议被传播至所有美国人的客厅中，人们看到南部市长和州长下令攻击示威者的暴行，而且政府对于三 K 党暴打示威者的视而不见。民众对于民权运动的关注带来了最终的胜利。1956 年 6 月，一个联邦法院否决了公共汽车种族隔离；1964 年林登·约翰逊总统签署了禁止种族隔离的民权法案；而 1965 年的投票权法案结束了南方各州用来阻止黑人投票所采取的残忍手段。

对于这个变化来说，态度的转变既是一个起因也是一种影响。在 20 世纪 50 年代后期，只有 5% 的白种美国人赞成异族通婚。而在 2008 年，几乎 80% 的白种美国人表示赞成。20 世纪 40 年代，60%~70% 的白种美国人认为，黑人学生和白人学生应该分开去独立的学校，甚至在 20 世纪 60 年代初还有近一半的白种美国人表示，如果一个黑人家庭搬到隔壁，他们会搬走。而如今，基本没有人会赞成这样的做法。[12]

在过去几十年内，最大的意识形态转变之一就是对跨种族交往的接受。1987 年，只有 48% 的美国人认为“黑人和白人互相约会是正常的”，而 46% 的人表示不赞成。2012 年，对于异族交往的公众支持率为 86%。在这种情况下出现了一个巨大的代沟——65 岁以上的公民中赞成率只有 68%，而 18 岁至 29 岁的公民中赞成率为 95%。[13]

不幸的是，民主并不总是可以带来宽容，这是因为多数群体往往利用其政治权力而歧视其他少数群体。一方面，在一些贫穷国家，如果偏见广泛存在，国家民主化之后的歧视现象会更加明显。另一方面，财富、教育和开放的辩论环境也会带来不同的影响。在 20 世纪 60 年代中期的美国，歧视现象因去殖民化及民权运动的成功而有所缓解。这激发了其他富足的民主国家出现类似的趋势，少数民族开始要求享有他们应有的权利。

政治科学家维克多·阿萨尔和艾米·佩特自 1950 年起

一共见证了 124 个国家中对 337 个少数民族的歧视现象。他们表示，在过去的半个世纪中，对待少数民族的态度有明显的提高，其中礼貌态度已成为“全球标准”。1950 年，世界上 44% 的国家有针对种族政治歧视的政策，哪怕只涉及一个种族。2003 年，该比例已下降至 25%。1950 年，32% 的国家实施了经济歧视的政策。而到 2003 年时，该比例已下降至 14%。阿萨尔和佩特认为：“尽管存在着巨大的宗教差异，人们对明显的歧视现象越来越关注。这种趋势在 20 世纪 60 年代末开始于西方民主国家，而在 20 世纪 90 年代已遍及世界各地。”[14]

仇视性犯罪当今仍然很常见。在类似于“9·11”这样的恐怖袭击之后，许多西方国家的穆斯林和清真寺遭到骚扰和袭击。虽然回顾历史，你会看到不少社会和当局对这种行为的默许甚至支持。但是在现在的所有发达国家中，当局都在反对仇视性犯罪。

如今的局面来之不易，然而一旦宽容和尊重的范围得以扩展，将很难再倒回从前。一旦开始将天主教教徒或非洲人当作拥有个人权利的人，之后将很难再重现之前狭隘、偏执的观点。如果开放、财富和安全感有助于形成宽容感和尊重感，那么这些因素的反面则可能导致新的敌意和冲突。不幸的是，一种直接的威胁和对其他群体的妖魔化，会导致我们转向依赖进化遗留下的本能——在自己熟悉的群体中寻求安全感，在对外来者时则表现得更具侵略性。

女性权利

在大部分有文字可考的历史时期，女性或多或少都是属于她们父亲的财产后，这将一直持续到她们结婚转而成为丈夫的财产后。婚礼时，父亲将新娘送至新郎的手中也象征了这一点。妇女没有投票权、没有属于自己的财产，无法掌控自己的身体、接受教育或在外工作，她们甚至像牲畜那样被人买卖。

如下是我们对外来者敌意的另一种展现：人们在古代试图控制所有属于自己的东西。几乎在所有的社会中，男性企图通过面纱、监护人、女性不见外男的深闺制度、缠足和监禁等途径，控制适孕年龄女性的性活动。妇女被迫穿上贞操带并接受生殖器官割礼。她们并未表达自己的想法就已被许诺离开家乡成为他人的新娘。在中世纪，基督教教会将年仅7岁的女孩的委身承诺视为神圣。

这种男性特有的心理也反映在通奸行为上——几乎每一种文化中，它对女性婚姻状况都有很大影响，这是因为它被认为是一种对财产权利的侵犯。妻子的不忠总是离婚的理由，然而却很少适用于丈夫。无论是根据英美普通法，还是像美国本土、欧洲、东方、非洲和美拉尼西亚的法律，丈夫在发现妻子外遇行为之后将其杀害是可以获得减刑的。直到20世纪后半段，英美法律仍允许丈夫限制、约束妻子的意愿，甚至可对她进行随意的强奸。那些保护出逃妇女的家属也可能面临着窝藏潜逃妇女的指控。[15]

启蒙运动开始改变人们对女性的态度，首次出现有组织地捍卫女性权利的运动。像爱尔维修、孔多塞这些思想家，也在为女性的权利而奋斗。男女之间在思维和行为中可观察到的差异被证明并不是与生俱来的，而是对女性歧视的结果。正如赫伯特·斯宾塞指出的，如果智识底下是剥夺女性自由的理由，那么那些比普通男性具有更强能力的女性就应该拥有更多的权利。

早在 18 世纪 80 年代，英国功利主义哲学家杰里米·边沁为女性的个人自由（包括选举权）而争论，依据就是，女性面对自己的利益时有最好的判断力。边沁认为，包办婚姻与奴隶制度相差无几，并表示支持女性离婚的权利。这极大地影响了他的追随者——约翰·斯图尔特·密尔同样为维护女性权利而抗争。

英国作家玛丽·沃斯通克拉夫特是早期支持女性完全平等的支持者之一，其中包括女性投票权，以及追求职业生涯和自己财产的权利。她说到做到，并在没有贵族赞助的情况下成为一名专业作家，这对于女人来说非比寻常。

《女权辩护》是沃斯通克拉夫特从 1792 年开始最早有关女性主义的著作之一。她要求妇女接受教育以提升自己的能力，养育儿女并成为丈夫真正的伙伴——而不是作为男性娱乐的对象。歧视女性不仅抑制女人的发展，也影响了文明本身："从幼年期，女性就被告知美丽是女人的王权，而心灵塑造身体；围着镀金的笼子漫游，寻求装饰她的牢笼。"[16]

18 世纪中期，西方世界经历了一个阅读爆发的阶段。人们开始看小说，随着故事深入角色中，倾听并了解他的想法、情感、痛苦和欢乐。各个地方的男性读者都开始想象，卢梭和塞缪尔·理查森笔下的女主角，从爱的喜悦到包办婚姻的恐惧，她们的人生会是怎样的。随后，查尔斯·狄更斯从儿童的角度描绘了英国孤儿院和济贫院的情形。赫尔曼·梅尔维尔告诉读者一个被鞭打的水手的切肤之痛，而《汤姆叔叔的小屋》迫使许多人面对奴隶制这个现实。可能因为小说更容易使人们换位思考并感同身受——即使是不同性别、阶级或种族，人们对于他人都更加有同情心。

19世纪，一个良性循环出现了，它打破了原本的壁垒。支持女权的运动为教育和职业开辟了一些机会。反过来又使人们发现女性拥有同男性一样的能力，这也加强了她们应该被平等对待的观念。同时，获得更高的智识和财力资源也为妇女斗争带来更强的呼声。

女权倡导者的灵感常常来自他们为其他自由进行的斗争。由于女性被视为财产，许多人认为她们的处境类似于奴隶。而作为被剥夺权利的公民，她们也遭遇了相似的限制。1840年，伊丽莎白·卡迪·斯坦顿和卢克丽霞·莫特作为代表，从美国来到伦敦参加世界反奴隶制大会，却发现她们并未受到男性领导的欢迎。有人认为，妇女参与政治是违背基督教教义并违反英国习俗的。一段争论之后，人权倡导者在大会上不得不让女性坐在一个单独隔开的区域，在那儿她们可以听讲但是不允许发言。

当晚，当莫特和斯坦顿沿着大皇后街散步时，她们一致认为女性解放需要更制度化的捍卫方式。结果之一就是，1848 年第一个女权大会在纽约的塞内加福尔斯召开，会议有 300 名参与者。该会签署了模仿《独立宣言》的《情感宣言》。它包括一系列女性主义斗争的核心诉求。该文件反对女性受到丈夫的控制，反对剥夺女性选举权、财产权、受教育权和参加工作的权利。对于选举权是有争议的，但废奴主义演说家弗雷德里克·道格拉斯在参加会议时强烈为此辩论，并说服参与者将其加入宣言文件中。

在当时，只有最开明的国家允许妇女在丈夫丧失能力时拥有并管理自己的财产。次年，田纳西州立法机关声明，由于缺乏独立的灵魂，已婚妇女不应该被允许拥有财产。该会议的理念引发了广泛争议。根据《奥奈达辉格周报》（*Oneida*

Whig）的一篇文章："这是在历史上有关女性的最令人震惊、非比寻常的事件。如果我们国家的女性坚持投票和立法，哪里还有男人的一席之地、容身之所和立足之处？"[17]

瑞典是妇女权利运动的先驱，因此，瑞典改革的时间线展现了整个西方世界为了性别平等的斗争时间。直到 1845 年，儿子和女儿才享有平等的继承权。贸易和手工职业在 1846 年对未婚女性开放，而在 1864 年女性在贸易和商业上获得和男性相同的权利。1853年，妇女有权在小学担任教师，1870 年大学教师的职位已经开始向女性开放。1858 年，如果未婚女子提出申请，她们将获得法律上的成人资格。即使已婚妇女在 19 世纪 70 年代已经有权利掌控自己的收入，也是直到 1921 年，她们才获得法律上的成人资格。在同一年，瑞典女性首次被允许在全国选举中以平等的地位进行投票。

许多勇敢的女性为选举权发声，但也存在着一部分激进分子。作为英国女权先驱，埃米琳·潘克赫斯特在还是孩子的时候，无意之中听到她父亲说，"真可惜她不是一个男孩"。她的团队在 1903 年直接采取行动开始女权运动。她们经常被逮捕，而且被强迫进食以防止绝食抗议。据某些历史学家所说，她们的暴力策略确实吸引了大众对于女权运动的重视，但同时也失去了对她们的同情。不过，随着第一次世界大战开始，大多数妇女参政支持者暂停活动并开始支持抗战，此举赢得了公众的支持。随着男性被送往前线，女性开始担任许多传统意义上男性的工作和角色，从而证明女性完全能像男性那般生活。1918 年，女性获得投票权，即使在当时权利有限，而在 1928 年政策则完全放开。

在大西洋的另一边有着类似的进展。1920 年夏天，宪法第十九修正案中关于女性选举权的议题被激烈地讨论。36 个州批准将此法案立为法律，然而只有 35 个州真正实施。在田纳西州的一次特别会议是最后的希望。投票期间，24 岁的哈里·T. 伯恩投出了决定性的一票，产生了 48:48 的结果。他事先便明确表示反对改革，然而就在投票前，他收到来自母亲的一封信，信中强烈要求他投支持票。于是他这样做了，因此险中取胜，美国得以有了妇女选举权。

20 世纪后半期，民权运动激励了西方女权运动，后者试图废除当时仍然存在的将妇女作为财产的法律。离婚法变得更加平等。1973 年之后，英国丈夫如果强行限制妻子的行为将被当作是绑架。如果杀害通奸的妻子或者她的情人，作为丈夫将无法声称该行为是合理的，同时如果家人窝藏出逃的妻子，将不再面临指控。

这段时间里，随着避孕用品的污名渐渐消散，20 世纪 60 年代口服避孕药的发明开始改变人们对婚前性行为的态度。在 1967 年的英国以及 1973 年的美国，堕胎权基于很多理由受到保护。针对生育权的运动是近来才有的。直到 1976 年，美国各州才将婚姻强暴判定为犯罪行为。法国和芬兰是 1994 年，而德国是 1997 年。

英格兰和威尔士的刑法修订委员会于 1984 年表示，如果丈夫强迫妻子性交，这“将证明是婚姻关系的失败。然而这却远不是之前（在定义强暴时）所描述的‘独特的’并‘重大的’犯罪”。委员会认为，起诉可能“需要复杂和令人厌恶的婚姻史调查”，而且可能“会让本可和解的情况再次令夫妻渐行渐远”。[18] 而最终，婚内强奸分别于 1989 年和 1991 年在苏格兰及英格兰和威尔士被视为犯罪行为。

20 世纪期间的妇女解放运动同时也蔓延至拉丁美洲的美

国、俄罗斯和中国。在大多数国家中，避孕令女性可以更好地控制何时和如何分娩，同时妇女也开始被视为劳动力中不可分割的一部分。但是直到 21 世纪末，仍有少数国家通过法律进行政治性的性别歧视。

1900 年，只有在新西兰的妇女才享有选举权；法国于 1944 年公开宣布普选制度；而意大利和瑞士则分别于 1946 年和 1971 年发表声明。

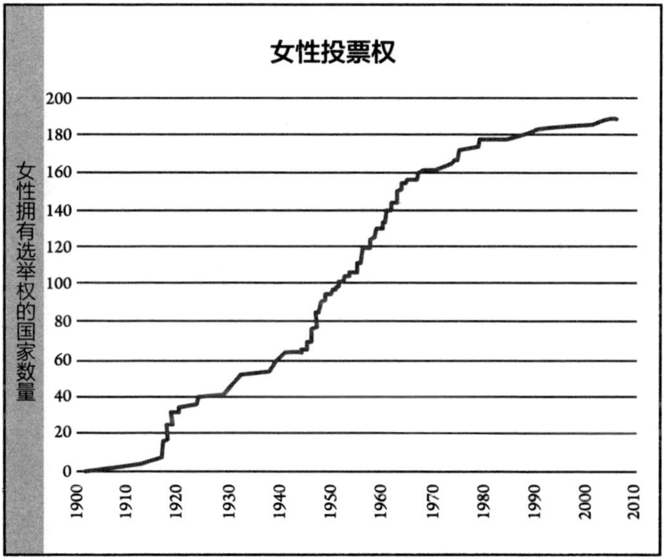

资料来源 :《道德之弧》，迈克尔 · 舍默，2015 年

2015年，由世界经济论坛发表的涉及142个国家的全球性别差距指数，令我们得以瞥见我们已经走了多久，以及前面仍有多长的路要走。在全球范围内，男女之间在健康方面几乎有96%的差异被消除，而受教育程度方面有95%的差异被消除，然而只有59%的经济差异以及23%的政治结果差异被缩小。

性别不平等指数体现了财富和发展对于世界平等的重要影响，该指数是联合国以发展计划来衡量男女之间在健康、文化、政治和劳动力市场之间的不平等。“人类极度发展”的国家，该指数基本为0.197（其中0意味着男女基本平等）。相比之下，“人类高度发展”的国家的指数为0.315；而那些“人类中度发展”的国家为0.513；“人类低度发展”的国家（大多为撒哈拉以南的非洲国家）为0.587。[19]

在一些地区，进步却并不显著。拉丁美洲中94%的国家已经禁止了家庭暴力，而在亚洲、撒哈拉以南的非洲及阿拉伯地区的比例分别为51%、35%及25%。婚内强奸的数量仍然是令人沮丧的，但它已被18%的拉丁美洲国家、19%的亚洲国家以及12.5%的非洲国家禁止，然而其中却没有一个阿拉伯国家。[20]

同样的，在非洲、亚洲和中东的某些人群中，女性割礼已经实行了长达几个世纪。如今它已被联合国认定是一种侵犯人权的行为，主要集中在非洲的 29 个国家。即使在那里，该行为也正在减少。在这些国家中，三分之二的女性和近三分之二的男性认为应该停止这种做法。如今，女孩面临割礼的风险大概是 30 年前的三分之一。该行为在城市及富足地区以更快的速度渐渐消失。在加纳和肯尼亚等国家中，割礼行为在 30 年的时间已下降了四分之三。但由于这 29 个国家的人口在迅速增长，即使占有率正在减少，被施行割礼的女孩的数量实际是增加的。而且割礼仍在继续影响着吉布提、埃及以及索马里中大概 90% 的女性群体。[21]

在某些国家中，尤其是阿拉伯语国家，歧视女性的态度仍然很明显。在诸如埃及、伊拉克、约旦和摩洛哥等国家，80%~90% 的人，或者说大部分人赞成“妻子必须永远服从丈夫”。65%~80% 的人认为，儿子在继承父母遗产时应当比女儿享有更大的权利。过去在世界各地的大多数人都持有相同意见，唯一的安慰是直到最近才有所转变。[22]

每个新生代对于女权的态度也相应地更加进步。当心理学家珍·M. 特文格在询问美国人有关“女性有义务遵从丈夫”的看法时（而不管她的首要职责是成为好妻子、好母亲，还是是否与男士享有同等的权利），发现男性如今的态度更加倾向女权主义，甚至超过了 20 世纪 70 年代的女性。[23]1987 年，只有一半的美国人认为男性用皮带或者棍子殴打他们的妻子是不对的；而 10 年之后反对的比例达到 86%。[24]

每个国家都有自己的女性英雄，但彼此的“成名之路”都不太一样。1929 年，奥地利裔乌克兰人贝雅特 · 西洛塔在她 6 岁时同家人搬去了日本。10 年之后，她被送往加利福尼亚的大学，但由于战争，她与父母失去了联系。在日本和平之后，她回到了被占领的日本并为美国军队担任翻译，以便同父母再次取得联系。一支美国军队的首要任务是在短短的 7 天里制定一个全新的宪法，西洛塔应征协助此任务。由于她是有关公民权利的小组委员会中唯一的女性，她的主管认为她可以负责写作关于妇女权益的部分。

这几乎是偶然的，但她却是唯一适合此任务的人选。她在日本居住过，也看到过妇女是如何被视为财产并被她们的丈夫操纵；她听到过日本妇女抱怨她们是如何被当成奴隶那样买卖。于是，她明白，仅仅拥有投票权对于女性参与社会是不够的，她们需要的是作为普通人的平等权利。

同时她也明白，她需要精确的法律语言，以确保这些权利不会被误解或被恶意阻碍。因此，她申请了一辆吉普车，去图书馆查看其他宪法是如何表达妇女权利的。在经过废寝忘食的几天之后，她撰写了有关男女平等的两篇前所未有的文章，内容包括女性享有平等权利来选择配偶、申请离婚，拥有自己的财产和继承权等。正因为这名有进取心的 22 岁女性的努力，美国人在日本宪法中加入了这项平等条款——当时即使在美国也并未获得通过。

在很长一段时间里，西洛塔对担任起草这些文章的工作秘而不说。毕竟该工作是机密的，而且她害怕自己的年轻和性别可能被反动派用来大做文章。但在 20 世纪 80 年代，她开始公开谈论此事，并很快成为日本的名人。因为她的杰出成就，日本政府授予她神圣的瑞宝章。因为她所开创的改革，之后每当她访问日本时，当地女性会饱含泪水地向她表达感谢。

世界仍然存在着对妇女、同性恋者、少数民族及宗教的偏见。在一些国家这些偏见的背后仍然有当局的支持，但这是错误的选择。在许多国家，人们每天仍然会遭遇歧视、敌视和仇视性犯罪；不过如今大多数政府已经开始保护人们平等以及爱任何人的权利，那些顽固的保守派将不再得到社区的支持，甚至连默许都不太可能出现。的确，这确实是惊人的进步。我们的下一代将成长于一个更加多元和包容的环境中，而这或许会让保守派懊恼无比。

10

童工制度的终结

The Next Generation

世界加速进步，主要是因为我们不断增长的知识储备；而阻碍其发展的，是我们想象力的缺乏以及这些行为中不健全的社会制度。终极资源则是人类自己——尤其是那些有技能的、英勇的，以及充满希望的年轻人；他们被赋予自由，能够为了自己的利益而抗争，因此他们必然也会令我们其他人受益。

——朱利安·西蒙[1]

我去越南南部胡志明市的郊外拜访提 - 齐（Thi-Chi）。房屋的四周全是稻田。那里曾经是她在孩童时期工作的地方。在很小的时候，她不得不在那儿日复一日地工作，无论是在烈日下还是在暴雨中。这样的生活就如同她父母儿时那般，而父母的祖辈们也同样如此。然而这并非因为他们刻薄或是不关心他们的孩子，而是因为他们极度贫困，才需要孩子也参与劳动以养活全家。

无论在哪儿，家长们都不得不作出同样的决定。童工在历史上并不是一个备受关注的问题，反而是一种自然的生活方式。总是如此。

有人认为童工是工业革命的结果，然而更多的文献指出，之所以会有这样的误解，是因为工业革命时期才开始记录这一切，并用文字写明要求终止的命令。正如著名经济史学家伊·菲·赫克歇尔指出：

> 无论是理论还是实践层面——认为童工是工业革命的结果，都是大错特错的。这与现实截然相反。重商主义认为，儿童刚会行走就去干活是最完美的。比如科尔伯特（1665—1683 年路易十四国王集权的财政大臣）会向那些未将年满 6 岁的孩子送去工作的父母征收罚款。[2]

从中世纪时期的古老挂毯和绘画中可以看出，孩子们被刻画成家庭经济中必不可少的一部分。孩子们在织布机上用线进行纺织；他们播种并除草、收集柴火、放牧、耕作，以及帮忙做其他所有的家务。

由于我们对农业总是抱着乐观、怀旧的态度，因此很容易将它浪漫化，认为农业是亲密家庭中学习任务的一种重要途径。事情的确如此，但是繁重的工作会阻碍儿童智力发展，也是不争的事实。当孩子们没有完成父母要求的任务时，他们也会遭受殴打。

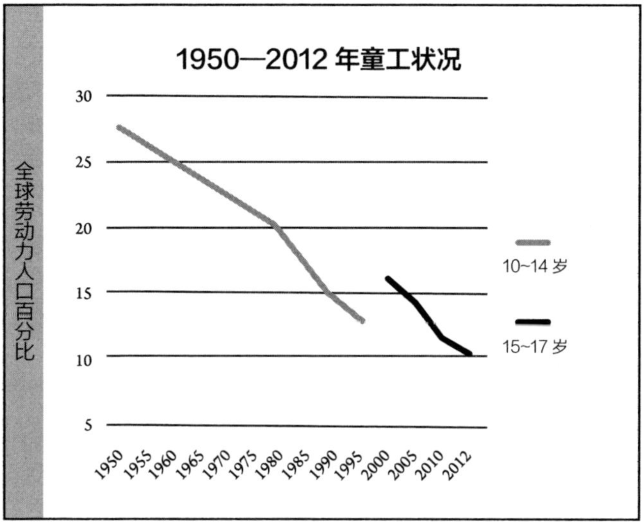

资料来源：国际劳工组织，1996 年，2013 年[3]

儿童也会受雇于其他家庭做帮佣，他们通常完全独立并同陌生人住在一起。许多童工在小店铺和家庭工业中辛勤工作，因此一些学者认为，这比在工业化期间的童工现象更加严重。在最糟糕的一些案例中，孩子们需要爬上烟囱或者在矿井下工作。在 19 世纪中期以前，工人阶级的孩子从 7 岁开始工作是很普遍的。整个家庭的生存需要每个人的贡献。[4]

在当时，与被认为是问题不同，童工现象被认为是一种教育方式，一种预防懒惰的方法。当丹尼尔·笛福描写

1726年的兰开夏郡的棉花产业时，他感到很欣慰，因为年仅4岁的孩子就已经可以帮忙工作了。17世纪的启蒙运动哲学家约翰·洛克在保护儿童权利方面是一个先驱，然而他却建议穷人的孩子在3岁时便开始工作。1840年，利物浦市市长对于孩子们的“就业需求”表示担忧，因为这带来了懒惰和抢劫。[5]

当时那些“正常的观念”，现在看来简直不可思议。在那时，童年没有被看作是一段天真无邪的封闭期，而是一段年轻人为家庭做贡献、为以后的人生学习新技能以及同成年人相互支持的时期。

早期工业化所带来的主要变化，就是工作有时会被转移到工厂中。孩子需要离开家去工作。这似乎更加糟糕，却非常常见。但这也同时意味着，许多其他孩子可以在晚上回到父母家中，而无须被永久送到其他家庭和农场居住。针对童工问题的广泛批评始于英格兰。这是一种趋势，表明童工开始减少，人们开始重新审视儿童在文化中的角色，以及对异常年轻的工人的反对。

1851 年，在英格兰和威尔士，10~14 岁的儿童中，有 28% 处于工作状态。这是一个高得惊人的数字，其中甚至不包括那些在家无偿照顾幼小弟妹的众多女孩子。然而，该数字却比 100 年后的非工业化的国家低得多。1950 年，印度的童工率大概为 35%；而非洲为 38%。即使是像意大利这样相对富裕的国家，1950 年的童工率也有 29%。[6]

传统意义上，针对童工的法律，如英国工厂法，曾被认为是导致童工现象减少的原因。然而，克拉克·纳尔迪内利却对历史做出修正，表示这些法案“从长远看来并未令童工现象减少。也许是一个影响因素，但绝对不是关键原因。”[7] 只要父母依赖子女的收入生活，禁令就会被忽视；如果说有任何影响的话，那就是因为其非法性，孩子们只能在非正式行业担任更危险的工作，甚至是卖淫或抢劫。

为此我们需要做的是减少供应和需求。19 世纪，这以工资上涨、普及教育和技术变革的形式所体现。工资的上涨意味着父母不再像以前那样依赖于孩子的劳动。与此同时，工业中的常规工作也实现了机械化。因此，社会对于可执行简单工作的儿童需求量减少，转而迫切需要有技能的成年人。这两个变化也对学校入学率的提升起到了作用。由于儿童不需要工作，他们可以去学校学习；而且随着技能溢价的增长，通过投资于孩子们的未来技能，家长将会在经济上受益更多。

英格兰和威尔士的童工率，从 1851 年的 28% 下降至 1891 年的 21%，然后是 1911 年的 14%，尔后很快完全消失。这在每一个工业化国家逐步实现。由于经历着同样的过程，如今，中、低等收入国家也发生着同样的改变。

本章开始提到的越南女人提 - 齐，如今已不再从事农业工作。20 世纪 90 年代初，当越南经济向全球贸易开放的时候，国家也增加了农业出口，并获得了大量的外国投资，其结果是经济的快速增长。提 - 齐现工作于一家运动鞋工厂，收入是过去的 5 倍。这意味着她不再需要依靠儿子的收入，且可以为他提供合适的教育。她微笑着告诉我，希望她的儿子未来可以成为一名医生。

1993—2006 年，10~14 岁的越南童工所占比例有所下降——从高于 45% 降至略低于 10%。同一期间，6~9 岁的童工占比也下降了 93%。

这些数字本身是惊人的，同时关于童工现象也发人深省。这似乎表明，父母把他们的孩子送去工作，并非为了尽可能增加收入，而是因为他们没有选择。20 世纪 90 年代，迅速增长的大米出口导致价格上涨，这也意味着越南儿童的潜在工作价值在增加。如果父母只是想获取更多的生活物资，他们会把孩子送去工作。但事实并非如此。相反，童工人数在仅仅几年内就下降了几百万，这表明孩子只有当他们的家庭在没有帮助且无力养活他们之时才会去工作。一旦他们不再冒着饥饿的危险，父母就会让他们的孩子停止工作，即使当时儿童的工资有所增加。

在厄瓜多尔有这样一项研究：通过现金转账实验来研究父母的态度。赢得“彩票”的家庭，会在每个月收到占其每月支出 7% 的现金。该金额甚至不到一般童工在劳工市场中收入的五分之一，也就是说，如果孩子停止工作，他们将失去一大笔钱。但即使如此，对于那些赢得彩票的人来说，童工现象也减少了 40%。而对于最贫穷的人来说，产生的影响最大。显然，问题不在于一个家庭是否可以赚更多的钱，而是他们是否有基础可以支撑他们放弃童工的收入。[8]

这意味着，父母很少被迫让孩子停止工作。果真如此，这将会令情况更糟糕。但事实是，一旦家庭可以维持生计，父母将听从孩子的意愿，让其停止工作。

研究表明，一个国家对外贸易的规模与童工的规模成反比，因为贸易创造了新的就业机会以及更高的收入。随着 1991 年印度经济开放，童工现象急剧减少，从 1987 年的 25% 减少至 1999 年的 14%。[9]

截至 1950 年，据估计，世界上 10~14 岁的儿童中，超过四分之一以上的儿童在从事经济活动，包括商品生产，或者在别人家里提供服务工作。在非洲和亚洲，几乎每 10 个孩子中就有 4 个孩子是童工。而如今，这个数字绝对小于十分之一。[10]

自 2000 年以来，国际劳工组织定期估算各个国家 5~17 岁童工的数量。总体情况可以说是“显著的进步”。2012 年，全球共有 168，000 名处于该年龄段的童工；而在 2000 年该数量为245，500人，在所有儿童中的占比从16%下降至10.6%。仅仅过了12年，童工中女孩的数量减少了40%，而男孩减少了25%。5~11岁的儿童，其从事危险工作（可能导致儿童受伤、生病或死亡）的比例以更快的速度减少：从2000年的9.3%降至2012年的3.1%，下降了大约三分之二。[11]

这种转变与人们对童年的认知的转变紧密相关。童工制度的终结既是这种转变的结果，同时又促进了这一观念的完善。当然，根本原因在于，家庭规模越来越小，人们也有理由期望儿童的生活更健康，寿命也更长。孩子们将不再被视为可被家庭经济剥削的资源。相反，他们是家庭对于未来的一项投资，以及拥有独自权利的个人，因而他们应该得到最好的条件以实现长久和幸福的生活。资源从孩子向父母流动被如今的父母给予孩子资源所取代。伦敦一个工人阶级的母亲回忆说，20世纪50年代在她的童年时期，她的父亲总是会吃掉任何剩余的食物，但现在“如果有一块猪排剩下，将会留给孩子”。[12]

不管我们在新闻中看到什么，童年的生活条件都从未像今天这样好。设想一下活在 200 年前的 10 岁女孩，无论她出生在哪里，她都不可能活过 30 岁。她可能会有 5~7 个兄弟姐妹，也有可能经历过其中至少 1~2 个兄弟姐妹的死亡。她母亲在分娩中存活下来的概率，甚至小于现在三世同堂的概率。

她在我们认为难以忍受的条件下长大。她的家庭也可能无法获得干净的水资源和厕所。更有可能的是，他们甚至没有厕所。他们会挖沟，或在树的后面解决。她的周围可能充斥着垃圾、粪便、污染的水源以及破坏性的生活。她的父母将终日生活在恐惧中，因为她的生命有可能被肺结核、霍乱、天花、麻疹或饥饿所夺走。

由于生活在一种长期营养不良以及经常性饥荒的世界中，人们得不到足够的营养，这个小女孩很可能会发育不良、瘦弱以及矮小，而这也会阻止她大脑的全面发展。她不会接受任何教育，也不会学习读书或写字。她必定会在很早的年纪就开始工作，也许在其他家庭担任家佣。无论在什么情况下，她几乎都会被阻止在所有职业之外，并会被当作是她父亲的财产，直到父亲将她嫁出去。而与此同时，她的所有权将由丈夫享有。如果丈夫对她进行殴打或强奸，并没有法律对此禁止。她也将无法通过政治改变这一现状，因为无论是在哪儿生活，她都没有投票权或选举权。她也无法享用轿车、公共汽车或飞机。第一列火车在当时已经存在，但只在英国的部分地区和威尔士进行煤炭运输。

她生活在一个残酷的世界，那时暴力死亡的风险几乎是如今的 3 倍。英国有记载的死罪多达 300 条，她仍然可能看到绞刑架上发生的死刑。酷刑和奴役仍然常见，和平是战争的间歇。世界刚刚经历了拿破仑战争，欧洲以及世界很多其他地区都变成了战场，任何安全保障都有可能在几天内被撕裂。

从那时起，人类经历了一场关于生活水平的改革。我们如今几乎完全解决了饥饿和卫生的问题，这将有助于改善健康，并加倍延长预期寿命。与许多人的担心恰恰相反，这一切使家庭的规模更小，孩子更有可能接触文化，并消除极端的贫困。崛起的中产阶级希望他们的孩子可以生活得更加长久，开始放弃将暴力作为一种解决私人和政治冲突的方法，并为未来开始投资。因为每天要为生存而斗争，我们并未将环境当成当务之急，但随着我们生活的改善，我们开始关注更多。财富和知识促成并带来了思想启蒙、民主和人权，包括女性和少数族裔的权利。反过来，这又促进了知识和财富的积累，世界也因此越来越好，充满更多可能。

人类已经爬上了发展的阶梯。每一个重大突破都有促进作用，但也会加强巩固我们已经取得的成果。文化增加财富，而新的财富也能够进一步扩展人们识字的范围。安全的食物和公共卫生设施在更好地发挥作用，我们也因此可以保证更好的营养，甚至是活得更健康。

而一个活在当今社会的10岁女孩，也更容易活到退休年龄。即使生活在世界上最贫穷的国家，她获得的营养也远远大于生活在200年前最富裕国家的人。极度贫困生活的可能性，已经从90%下降到10%以下。她像同代人那样去上学，并且在她有生之年，文盲现象将被根除。她的父母可能会提供支持，这样她就不必辍学去工作了。现在，她有很大可能生活在一个民主的国度，在这儿，女性有独立的权利并受到保护。至于战争，相比于人类历史上其他年代，其风险也是有史以来最低值。她死于自然灾害的风险比100年前要低 95%，她甚至不会听说任何地方会发生大饥荒。

哲学家们一直在争论这样的进步是否有助于带来幸福。有人说，心理上的幸福感完全不同于身体和物质，且不受它们影响。虽然研究人员最近才开始对此进行估量，但是已有初步的结果显示，全球幸福水平在不断提高。自 1981 年以来，具有代表性的全国调查表明，52 个国家中有 45 个国家的幸福感有所提升。研究人员认为，本书所描述的人类的进步至关重要：

> 回归分析表明，一个社会允许自由选择的程度对于幸福有着重大影响。自 1981 年以来，经济发展、民主化以及社会宽容度的提升，增加了人们的自由选择度。根据人类发展模式显示，这反过来带来了更高层次的全球性幸福。[13]

当说到美好生活的先决条件时，在如今出生的人的起点，比我们的祖先前进了 200 年。但最大的区别在于心理和智力。现在的我们很难想象，两个世纪之前的普通人的世界观会是多么狭隘。这并不是因为他们愚蠢、对周遭事物不感兴趣或发展潜力有限，而是因为他们缺乏了解世界的途径。他们没有文化，也没有接触教育、电报、广播或互联网的机会。对于一个出生在200年前的小女孩来说，她的主要信息来源是教堂或在酒吧混迹的父亲，又或者是一名外国游客。她将过着和她母亲完全一样的生活，不会有其他可能性。

如果一个人可以即时获得世界其他地方所发生的新闻，那么他看待这个世界的方式将非常不同。很快，全世界30亿人将拥有智能手机。而且，这30亿人口袋里的智能手机的计算能力要远强于20世纪60年代的超级计算机，可以实现即时通信，并可获得全世界的知识。仅仅是一次谷歌搜索，智能手机就启动了一系列远超过阿波罗载人登月计划的全部计算能力。仅仅在2015年，中国人就购买了超过4亿部智能手机。如今，世界各地的即时信息唾手可得。

巨大的进步令我们大开眼界，也令我们敞开心胸。年轻人拥有不同的选择，而这些选择在当时不可能发生在他的父母身上，也不会发生在他们长大的那个社会。我们在印度的巴拉特村时看到，那里的年轻人对于他们所拥有的事物感到不安和不满，这是因为他们的需求比他们现在所拥有的更多。通过利用人类知识的集体宝库，他们还将发明我们无法想象的工具。

知识一直是一种稀缺资源，原因有如下几点：总的来说，我们并不了解世界；我们还未发展能够完全理解现有的知识的文化教育系统；我们也没有途径来广泛传播目前甚少的知识。即使是知识精英，也受限于此。19 世纪 80 年代初，作为当时的一名思想家，赫伯特·斯宾塞了解到，伊曼努尔·康德对于人权的观点与自己 30 年来宣扬的观点相似。然而由于不懂德语，斯宾塞没有办法理解历史上最著名的哲学家。他因此花了近 10 年时间才拿到康德的英文翻译，并开始记录他们的相似观点。[14]

现在，我们所知道的比以往任何时候都多；我们也比以往任何时候都更有文化；我们几乎可以在短短几秒内找到任何感兴趣的东西。很快，几乎每个国家的任何人都会拥有一部智能手机或一台电脑，并同地球上几乎所有人相连接。我们曾经只有一小部分人可获得有限的知识，我们曾经只能与见过或认识的人相互合作，当这些限制消失，我们很难想象这个世界将释放出怎样令人难以置信的创造力。

牛顿曾谦虚地表示，“如果我可以看得更远，那是因为我站在巨人的肩膀上”。在他那个时代，只有少数、杰出的科学家精英，可以利用陌生人所积累的知识。而如今数十亿的人口也可以如此。这次，我们不只是站在巨人的肩膀上，我们还在互相帮助。

尽管我们取得了巨大的进步，但仍然存在严重的经济、社会和环境问题。我们仍然面临着暴力、恐怖主义、强迫迁移和自然的不可预测的威胁。但是我们所取得的进展也意味着，我们更能关注到人类的问题，也比以往任何时候更能提出创造性的、合适的解决方案。

只有让每个人都参与其中，我们才能接近这个世界，在那里，我们将探索所有的可能性，并使用所有可用的知识以发明、创造，并解决环境问题。我们已达到的生活水平意味着，作为一个物种，我们比以往拥有更强大的能源和智慧，这将使我们的生活更加美好。在物理学中，逃逸速度是指一个物体需要挣脱主体万有引力的速度。人类正在冲破自然与自我强加的局限，这种局限一直压制着我们，而人类已经达到了逃逸速度。

在过去的几十年里，照片记录了世界各地发生的巨大的变化。之前，在这本书中我们提到了莱斯·伯格和斯蒂·卡尔松。这两位旅行者在多次造访同一个印度村庄后发现其惊人的进步，令他们不得不放弃悲观的世界观。

当他们首次造访这座村庄时，遇见了桑托斯。这是一个12岁的少女，常年在家中和田地里劳作，并照顾动物。当时，他们给女孩的手拍了一张照片。那双手已经布满老茧，由于多年的辛劳而过早老化。当伯格和卡尔松再次返回村庄调查下一代时，他们也为桑托斯的13岁女儿西玛的手拍下了照片。[15]这双手丝毫不同于她母亲当年的那双手。西玛的双手既娇嫩又柔软。它们属于可以玩耍和学习的女孩，也属于那些未被剥夺童年的女孩，因此这可以为成年做更好的准备。

这两张手的照片对比，代表着在过去几十年内世界所经历的变化。不仅仅是西玛一个女孩如此，数以亿计的女孩和男孩也如她这般。他们是接受最好教育的一代；他们的生活比以往更长久、更自由。他们如今正在一个新的世界迈出新的步伐。我们的未来掌握在他们的手中。

结　语　为什么你仍然不相信？

So why are you still not convinced?

当你在书写一本关于世界积极信息的书时，你并不是在向唱诗班说教。作为一名作家，罗纳德·贝里做了大量工作以反驳关于厄运和灾难即将到来的观点。当他向编辑提出出书提案时，他得到的回应揭示出了人们希望读到的内容："我们将出版这本书，而且我们也都会赚到一些钱。但我想告诉你，如果你给我一本预言世界末日的书，我可以让你成为有钱人。"[1]

一般人不愿分享我在这本书中提出的世界充满希望的观点，这也合情合理。在英国、澳大利亚、加拿大和美国的调查对象中，有 54% 的人认为我们的生活方式在接下来的 100 年内遇到风险的可能性将会超过 50%。近四分之一的人认为，人类被消灭的风险率高达 50% 甚至更高。[2]

在几年前我做了一项研究，其中 1000 名瑞典人会被问到关于全球发展的 8 个问题。他们知识匮乏得令人惊讶。平均而言，对于所有 8 个问题，每一个年龄组和每一个收入组都答错了所有问题。他们认为这个世界很糟糕且正在恶化，而且他们一致低估了如今所取得的进展。其中 73%的参与者认为饥荒有所增多，76% 认为极端贫困的现象有所增加。而事实是，调查研究的那段时间，其饥荒和极端贫困现象比历史上任何时期都减少得更加快速。[3] 那些已经通过高等教育的人却不了解那些针对贫困和饥饿所取得的进展，因此，我们开始怀疑教科书的内容到底有多少更新。

最近的研究也证实了这一点。瑞典一家名为 Gapminder 的基金会已经采用多重选择题的方式进行了几次“无知”调查。在英国，只有 10% 的调查对象认为在过去的 30 年里世界贫困人口有所减少，而其中超过一半的人认为该现象有所增加。在美国，只有 5% 的调查对象对于在过去 20 年里世界贫困率几乎减半这个现象做出了正确回答。66% 的调查对象则认为它几乎翻倍。他们也可以回答贫穷数量保持不变，即使随意猜测也可以得到三分之一的正确答案，因此，英国人比黑猩猩的表现还要糟糕。基于误导或过时的信息，我们的脑中肯定有着不准确的假设。

这些假设往往来自于媒体，它强化了一种看待世界的特殊方式——关注戏剧性和令人惊讶的坏消息，如战争、谋杀和自然灾害。似乎越多人观看电视新闻，他们就越夸大犯罪程度。巴尔的摩的犯罪现象已经骤减，然而当地的一个研究

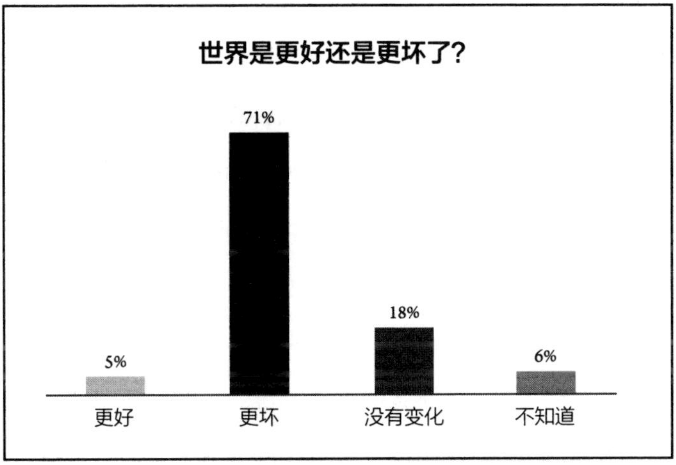

资料来源：2015 年 1 月 8 日至 1 月 9 日，针对英国人的调查。英国民意调查机构 YouGov/Human Zoo.

显示，每天观看新闻的人中，有 73% 的人对于夜晚在外逗留太久格外谨慎；而对于那些每周看新闻不超过两次的人来说该比例为 54%。几乎所有人都认为犯罪现象很普遍。然而有趣的是，他们总会认为这将发生在其他地方，而不是他们所居住的附近。84% 的人担心罪犯会伤害他们的家人，但多达 92% 的人表示他们在自己的社区感到安全。因此他们对于周边的环境感到安全，而通过新闻则会感到外界很危险。[4]

许多记者和编辑承认这一倾向。美国公共广播电台记者埃里克·韦纳提到："事实上，是那些不幸福的人生活在非常不开心的地方，导致了这些好故事。"[5] 当瑞典电视记者弗雷迪·埃克曼被问及在近半个世纪内有关贸易最热门的新闻故事时，他通过以下列表作出回应：1986 年奥洛夫·帕尔梅总理的谋杀案、1994 年爱沙尼亚号邮轮的沉没以及"9·11"恐怖袭击事件。当被问及在此期间任何积极正面的故事时，他回答说："没有人会记得这些，因为它们从来都不重要。"

来自于丹麦广播的乌尔里克·哈格吕普承认记者的报道往往有如"奶酪上的洞"——各种问题和冲突，却很少提及"奶酪"本身——社会及其进展。作为瑞典广播新闻节目

Ekot 的主持人，米卡埃尔·奥斯特兰德提到，听众最常见的反应为“你为什么总是将世界描述得好像无法居住那样”。而他回答道，谈论那些错误的事情是他们的责任，因此人们可以决定他们是否希望这个世界像这样继续下去；同时这也是他的工作职责要求去说明与预期产生的偏差——我们期望航空飞机安全起飞并着陆，因此我们只对事故进行报道。[6]

从广播员的角度来看，这是有道理的。如果一架飞机坠毁，我们希望得知此事。但这也意味着，我们不应该满足于仅仅从单一的新闻获得信息，我们也需要背景、环境、历史和统计。真正令人印象深刻的，是每年有 4000 万架飞机起飞而且几乎每架都安全着陆的事实。自 20 世纪 70 年代以来，乘客数量增加了 10 倍以上，但事故数量和死亡人数却减半，而你绝不会通过新闻获得这些信息。

来自于牛津大学的经济学家马克思·罗泽收集着关于世界发展的数据，他表明：“突然发生的事情往往是不好的，比如地震或可怕的谋杀。你永远不会看见英国广播公司或美国有线电视新闻有这样的文章：‘如今的伦敦南部没有饥荒’或‘博茨瓦纳的儿童死亡率再次下降 0.005%’。”[7]

记者们总是从他们所负责的地区寻找最戏剧性和最令人震惊的故事。全球电视网络和互联网为我们带来即时新闻，这有着诸多好处，使我们了解到人们生活在世界其他地方的情况。但它也使得报道那些“某人在某地发现令人震惊的某事”更加容易。这是一场永远的战争，总会有残忍的儿童杀手逍遥法外，而这也将一直处于新闻周期的顶部。但如果我们将新闻当成全部，我们就会认为这些负面事件很常见，甚至会越来越普遍。

当然，政党、竞选者和压力集团总是利用我们的恐惧来宣传自己的意识形态。2014—2015 年，西非爆发的埃博拉病毒就是一个例子，体现着媒体和组织之间如何合作以令公众恐慌。2014 年 9 月，新闻标题夸大其词地提到，“美国警告到 2015 年埃博拉病毒将会感染 140 万个患者；疾病预防控制中心也预测该病例将多达 140 万”。该数据来源于疾病控制中心对最坏情况的估计：他们假定推测大部分病例都未被报道并不为人知，并假设没有干预。甚至该数字在研究的摘要部分被描述为“非常不可能”。[8] 然而这个数字被作为新闻广泛传播，并在人们的意识里根深蒂固。

事实上，每一项研究都认为，西非人只会继续冒险行为，就好像什么都未发生过那般。其他预测似乎是为了使埃博拉病毒在新闻周期中保持出现。随着 2014 年 10 月该病例的爆发量达到每周 1000 例，世界卫生组织发出警告，到 12 月每周将可能会有 5000~10000 个病例。而新闻标题则会写："世界卫生组织预计每周将出现 10000 个病例"，而世界范围内由病毒爆发导致的病例大约是 3 万例。

在某种程度上，人们都在做着他们应该做的事情。医疗机构试图用恐慌的预测调动国际社会，而媒体认为他们必须警告我们可能出现的最坏情况。但是在所有过程中，他们却都忘了提醒我们这是"非常不可能的"，而最终呈现的结果则是风险被完全扭曲。当然，这次恐慌散播可能会促进特别的手段干预来击败病毒。然而正如《经济学人》所指出的那样，"如果当局不断哭喊'狼来了'，下次将很难再次吸引全世界的注意力。"[9]

当你读到这里的时候，你可能已经忘记了埃博拉病毒，也不记得它的结局：它并未如我们预计的那样变成一个全球性的灾难。也许你已经把注意力转移到下一个最糟糕的情况。

如果你想要从一个更加现实的角度看待世界，一个有趣的实验便是只关注于当地媒体。由于他们只涉及一片极小的地区，他们将更难发现可怕的故事，这意味着他们能更准确地描述出大多数人日常生活的样子。某个夏天我读到《斯特伦斯塔德报》，这是一份在瑞典西海岸周边，覆盖 6000 名居民所生活的城市的报纸。其中的故事非常不同，远不像我在全国性报纸、BBC 或 Twitter 上看到那般充满戏剧性。

我最喜欢的是一个标题为“一切都很好”的封面故事。在这个故事中，一名司机因未将车保持左行而被另一辆车超过，因此另一个司机以为他吸食毒品而报警。警察在斯特伦斯塔德以北拦住了那个司机，却发现他既清醒又沉着。该值班警察说“一切都很好”。事实上，一切真的都很好。这是一个常见的日常生活体验，但是我敢打赌你从来没有读到过这样的故事。[10]

记者安德斯·博林曾经问过一位同事为什么他从来不让犯罪学家针对犯罪趋势进行广泛研究。“这很无聊，”同事回答说，“因为他们只会回答犯罪率在下降。”[11] 博林已经得出结论，如果人们将新闻当成这个世界确切的映射，将是无益的，因为它通常是为我们节选了一小部分发生在过去几个小时中最糟糕的事情。然而他指出，这并不是指每个故事是虚构的，而是所有故事联合在一起的效果就如同一个扭曲的过滤器，从而使得这个世界显得比原本更加糟糕和危险。

责怪媒体非常容易，但请记住，这是我们自己的错误。如果我们不想读、听和看那些坏消息，记者们也不会报道。的确，当他们不进行报道时，往往我们自己就会对最坏的情况进行编造。当新闻记者无法接近那些精彩的事件时，我们会用谣言和恐怖故事来填满空隙。如今，无论在何地，如有不幸的事情发生，那 20 亿部智能手机都将确保我们知道发生了什么，即使当时在现场并没有记者。

心理学家丹尼尔・卡尼曼和阿莫斯・特沃斯基表明，人们并非基于数据而来估计某事发生的频率，而是根据通过回想起某事的难易程度。[12]“可用性启发法”意味着一件事情越难忘，我们越可能认为这是真的。因此，我们开始想象那些可怕、令人震惊且最终停留在我们的思想中的事情，这将比他们本身发生得更加频繁。

我们可能生来就会烦恼。我们往往对例外更加感兴趣。我们会注意到新生的、奇怪的以及意想不到的事物，这是很自然的。我们不需要解释和理解正常及日常的事物，但是我们的确需要了解那些例外的事情。例如除非有异常事情发生，否则我们不会告诉家人下班后如何回到家中。

进化让我们处于这样的模式之中。恐惧和担忧都是人们生存的工具。从骤然来临的风暴中幸存的狩猎者、采集者以及捕食者，更加倾向于扫视地平线以发现新的威胁，而并不容易感到轻松满意。在一个更加危险的时代中，对感知威胁反应过度的成本远远小于反应不足的成本。那些更加容易担忧并不容易满足的人会存活下来并将他们的基因传给我们。

我们对一切危险的事物都很关心，因为如果不这样我们现在早就丧命了。如果建筑着火，我们需要立即知道。即使只是出现在电视上，它也会引起人们的兴趣。抛开电视机抽象化和迟钝化处理，当人们安全地坐在沙发上看火灾新闻时，我们石器时代形成的大脑会相应控制身体产生压力荷尔蒙和肾上腺素。

史蒂芬·平克提到了三个心理偏见，让我们感觉世界比本来面目更加糟糕。[13]第一个是证据确凿的事实“坏的比好的更加强大”。相比赢钱、获得朋友和接受赞美，我们更加容易记住损失金钱、被朋友抛弃或受到批评。相关的研究者指出“负面信息需要经过更多处理，而且比正面信息更能留下强烈的最终印象”。[14]

第二个情感偏见是教化心理。抱怨问题是一个向他人发出的信号，代表你关心他们，因此批评家被视为需要更多道德参与。17 世纪的哲学家托马斯·霍布斯也指出，批评现状是一种与竞争者和同龄人竞争的方式，而我们却可以很容易地赞美过去的人们，因为他们不是我们的竞争对手。

第三个偏见是我们对某个黄金时代的怀旧，而那时的生活被认为更简单也更舒适。文化历史学家阿瑟·赫尔曼观察到：“几乎每一种文化，不论是过去还是现在，都认为男人和女人没有达到他们父母以及先辈的标准。”[15]在公元前 7 世纪，诗人赫西俄德认为，曾经有一个黄金时代，那时人类与神灵和谐生活；由于大自然给他们提供了食物，他们也不必工作。之后却迎来了伴有冲突和担忧的白银时代，以及充斥着更多冲突和烦恼的青铜时代。赫西俄德自己则生活在铁器时代，那是由争斗和恶行所统治的地方，而人们也不得不辛勤工作以维持生存。大多数文化、宗教和意识形态都有着与颓废当下而类似的史前失乐园童话。

许多人已经感觉到对过去理想化和对我们失去童年理想化的关联，这是一种怀旧的愿望，希望回到当时安全和令人激动的状态。随着年龄的增长，我们承担着更多责任，会失望或者无聊，而我们的生理机能也有一定的衰退。我们常常会把自身的变化与时代的变化搞混。令人惊讶的是，当我问人们在世界历史中最和谐和最快乐的哪一段时期是他们的理想时代，而他们都回答是他们成长的那个时代。因此，婴儿潮出生的那代人怀念的是 20 世纪 50 年代。在《辛普森一家》的一集中，爷爷提到："我曾与它同在，但后来它却被改变了。而如今已经面目全非，'它'在我看来既怪异又可怕。"

启蒙文化相信进步是可能的，而随着人类的理性被释放，这个世界会不断进步。然而即使这样，一些像卢梭这样的思想家以及浪漫主义哲学家认为，自己创造的世界比起之前本身存在的世界更加糟糕。在西方世界，尽管已经取得诸多进步，这种想法却一直是一股强烈的暗流，并成为如今所有民粹主义和煽动者的想法。

我们不断地重现过去，并不知不觉地重新整理我们的记忆。之前提到的那两名旅行者莱斯·伯格和斯蒂·卡尔松意识到，他们在亚洲所预言的世界末日被证明是错误的，人们的生活在很大程度上都变得更加美好。但是耐人寻味的是，他们之前访问的对象自己却不这样认为。20 世纪 90 年代，那名印度妇女萨多抱怨现在的生活更加艰难，她现在不得不为了孩子努力工作。她提到她的童年更加简单，可以整天地玩耍。

莱斯·伯格写道：“关于采访的内容以及他们并未提到的内容，我做了一些思考。如果我之前没有去过那里，对于一名访问记者来说，在听到‘一切都变得更加糟糕’后，显而易见我也会做出这样的结论。”[16]然而伯格和卡尔松在过去的 20 年内已经多次前往，因此关于当地的苦恼压抑、文盲问题以及获取足够食物对于家庭的艰难程度，他们可以就听到的内容同通过当时村民表述所做的笔记作比较。事实上，萨多在当时并没有每日玩耍，反而要天天在田地中劳作。

伯格在2010年再次返回时，萨多对当时的生活以及整个家庭所达到的生活水平感到开心满意。然而耐人寻味的是，萨多对于20世纪90年代那次访问中所抱怨的问题并没有印象。[17]如今在她的记忆中，当时的生活同样很幸福。

> 一切都变得更好，然而这却并不能保证未来的进步。在公司和政府施行低息贷款和债务融资的这几年，当所有账款到期之时，一场大规模金融危机很可能发生。全球变暖可能会对生态系统造成威胁并影响着数百万条生命。主要大国之间也可能发生大规模战争。如果恐怖分子获得我们最强大的科学技术，他们可能在很大程度上造成严重破坏，而且他们也可以发动大量针对平民的小型袭击。最重要的是，在恐惧所领导下的人们可能会阻碍发展所依赖的自由和开放。

马特·里德利是《理性乐观派》的作者。当被问到所担忧的事情时，他通常回答“迷信和官僚主义”，这是由于迷信会阻碍知识的聚集，而官僚主义则会阻止我们将那些新知识运用到新科技和商业中。在本书中提到的许多成就仍可能被这些力量阻挠。激进的教徒阻止女孩接受教育，并在他们掌权的地方试图重新建立奴隶制度。一个虚假的谣言声称脊髓灰质炎疫苗被认为是使穆斯林无法生育的一种西方策略。该谣言导致了在若干国家几乎已经被根除的脊髓灰质炎的复发。同样地，麻疹疫苗导致自闭症的荒谬想法在美国引起了反免疫接种的运动，并引发了几次可怕疾病的爆发。

人类进步的原因已被确立——科学及知识的增长、合作和贸易的扩张，以及将之付诸行动的自由。然而在历史上，这却被那些不接受改变的势力封锁并摧毁，因为他们对此感到恐惧，或者担心他们的立场受到威胁。在1000年前很少有人会想到，欧洲将会是科学及工业革命开始的地方。797年，当查理曼大帝收到由巴格达的哈里发所赠送的制作精细的时钟时，他并不明白时钟是什么。在当时，阿拉伯在科学技术上远远领先于欧洲，并普及希腊哲学，而彼时的西方希腊的传统几乎已经被忘却。

与此同时，中国在经济及文化上十分发达。当时的法治和更高程度的经济自由带来了创新的思潮。中国人在那时就在使用活字印刷术、火药及指南针——这三项发明直到1620年才被弗朗西斯·培根认为是世界上最重要的发明。

然而在 14 世纪当权的明朝对于技术和外国人怀有敌意。这使得航海成为一项严重的罪行，而且那些本可探索世界的轮船也被烧毁。同样，伊斯兰世界在 13 世纪受到蒙古入侵后也开始闭关锁国，并清除了许多科学和现代化的思想。在奥斯曼帝国，新的技术也被阻碍，而印刷机的使用也被推迟了 300 年。而且，建于 1577 年的现代伊斯坦布尔塔齐亚丁现代天文台（Taqi ad-Din）只存在了 3 年，就因被认为窥视上帝而被毁坏。

并不仅仅是欧洲列强，精英也会反对新的思想和创新，但是无论哪个群体或者君主统治欧洲大陆，它无论是在地理上、政治上还是语言上都太过容易支离破碎。《欧洲奇迹》的作者，经济历史学家埃里克·琼斯在书中提到，14 世纪在欧洲共有 1000 个不同的政治群体。在某种程度上，当我们在制定针对敌对国家的体系时，这种多元化仍然起到合适的作用。[18] 新的理论、发明和商业模式总是可以找到自己的位置而存活以证明自己的价值，直到被他人复制并取得胜利。进步总是需要用一生的时间来证明。

因此并非那些卓越的思想家、发明家或企业家使得欧洲变得富裕，事实上是因为欧洲精英不能成功阻止这一切。思想、技术和资本可以在不同国度之间互相转移，因此它们不得不互相竞争并互相学习，从而推动现代化。这类似于我们当今的全球化。如今，更多的国家在更多的地方可以获得所有人类的知识集合，也对来自其他地方最先进的创新打开大门。在这样的世界里，进步不再取决于一个帝王的突发奇想。如果进步在某一处受到阻碍，仍然有许多人将会继续人类的旅程。

尽管财富和生命可以毁灭，知识却很少消逝。它一直处于增长中，因此任何形式的抵制都不可能完全对人类的进步造成毁灭。但是，进步并不是自动进行的。记录在这本书中的所有进步与发展都来源于那些勤奋工作的人、充满奇怪和创新想法的科学家、创新者以及企业家，同时还有那些为自由而战和采取创新方式做事情的勇敢者。如果想要保持不断进步，你和我就需要继续举起这燃烧的火炬。

致　谢

Acknowledgements

我要感谢下面这些人，在他们的帮助下我才能得以完成本书。非常感谢雅各布·伦德贝里，他帮助我找到了难以追踪的数据和资料来源。马蒂亚斯·本特松则一如既往地给予我鼓励和支持。

感谢我的经纪人安德鲁·戈登，他帮助我把写作这本书的想法变成现实，并自始至终支持我。我的编辑——世界出版公司（Oneworld）的亚历克斯·克里斯托弗帮助我改进了内容，文案编辑凯瑟琳·麦卡利则对文本内容进行了必要的删减和增补。

我并不是唯一的乐观主义者。自2001年起我开始撰写关于全球化和发展的文章以来，我很幸运地遇到了几位思想家，与他们见面并向他们学习。他们是：罗纳德·贝利、莱斯·伯格、安德斯·博林、安格斯·迪顿、罗伯特·福格尔、伊多尔·高克兰尼、查尔斯·肯尼、狄帕克·拉尔、比约恩·隆伯格、迪尔德丽·麦克洛斯基、乔尔·莫基尔、史蒂芬·平克、马特·里德利、马克斯·罗泽、汉斯·罗斯林、迈克尔·舍默和马里安·图皮。最重要的是，我要感谢朱利安·西蒙，他是一位对发展持乐观态度的老人。

他们的共同点不是政治上的，不是哲学上的，而是方法论上的。他们看到的是整个建筑，而不是一块砖，看的是长数据序列，而不是一个点。当然，用统计数字来撒谎是有可能的，但没有统计数字就更容易撒谎。

如果你对有关世界进展的数据感兴趣，欢迎访问他们建立的数据库：gapminder.org，humanprogress.org，ourworldindata.org，以及世界银行的《世界发展指标》。

最后，我要把我最感激的爱留给我的妻子，同时也是我的缪斯——弗里达。她给了我工作所需要的爱与能量——以及展望未来的理由。

注释

Notes

引言　最美好的时光是现在

1 Julian Simon, *The Ultimate Resource* 2. Princeton, NJ: Princeton University Press, 1996, p. 17.

2 Studio Ett, Swedish Public Radio, 2 February 2016.

3 Anders Bolling, *Apokalypsens gosiga mörker*. Stockholm: Bonniers, 2009, p. 15.

4 John Gray, *Heresies: Against Progress and Other Illusions.* London: Granta UK, 2004, p. 32.

5 Angus Maddison, *The World Economy: Historical Statistics.* Paris: OECD, 2003, p. 262.

1　食物

1 Jonathan Swi, *Gulliver's Travels.* London: J. Walker, 1819, p. 148.

2 FAO, *The State of Food and Agriculture 1947.* Geneva: FAO, 1947; FAO, *Summary of Food and Agricultural Statistics 2003.* Rome: FAO, 2003; FAO,

The State of Food Insecurity in the World 2015. Rome: FAO, 2015.

3 Fernand Braudel, *The Structures of Everyday Life: Civilization & Capitalism 15th–18th Century,* vol. 1. London: Phoenix Press, 2002, p. 73ff.

4 Braudel 2002, p. 78.

5 Braudel 2002, p. 78.

6 Braudel 2002, p. 77f.

7 Gabriele Doblhammer and James W. Vaupel, 'Lifespan depends on month of birth', *Proceedings of the National Academy of Sciences of the United States,* 98, 5 (2001), 2934–2939.

8 Braudel 2002, p. 74. Calories: Robert William Fogel, *The Escape From Hunger and Premature Death, 1700–2100: Europe, America, and the Third World.* Cambridge: Cambridge University Press, 2004, p. 9.

9 Angus Deaton,*The Great Escape: Health, Wealth and the Origins of Inequality.* Princeton, NJ: Princeton University Press, 2013, p. 92.

10 Fogel 2004, p. 33.

11 Ma Ridley, *The Rational Optimist: How Prosperity Evolves.* London: Fourth Estate, 2010, p. 6f.

12 United States Food Administration, *Food Saving and Sharing.* Washington DC: Govt. Printing Office, 1918, pp. ii, 92.

13 Vaclav Smil,*Enriching the Earth: Fritz Haber, Carl Bosch, and the Transformation of World Food Production.* Cambridge, MA: MIT Press, 2004, p. xiii.

14 Peter Herrlich, 'The responsibility of the scientist', *EMBO Reports,* 14, 9 (September 2013), 758–764.

15 Torbjörn Fagerström, 'Den värdefulla rärtten att mjölka en kossa', *Dagens Nyheter,* 18 March 2013.

16 Fogel 2004, p. 90.

17 Deaton 2013, p. 158.

18 Paul Ehrlich, *The Population Bomb.* New York: Ballantine Books, p.11.

19 William and Paul Paddock, *Famine 1975.* Boston: Little, Brown & Co, 1968, p. 8.

20 Much of the following is based on Gregg Easterbrook, 'Forgotten benefactor of humanity', *Atlantic,* 270, 1 (1997), 75–82.

21 FAO 1947.

22 J. L. van Zanden et al. (eds), *How Was Life? Global Well-Being since 1820.* OECD Publishing, 2014, doi: 10.1787/9789264214262-en, chap. 7.

23 K. von Grebmer, J. Bernstein, A. de Waal, N. Prasai, S. Yin and Y. Yohannes, *2015 Global Hunger Index: Armed Conflict and the Challenge of Hunger.* Bonn, Washington, DC, and Dublin: Welthungerhilfe, International Food Policy Research Institute, and Concern Worldwide, 2015.

24 Bjorn Lomborg (ed.), *How Much have Global Problems Cost the World?: A Scorecard from 1900 to 2050.* Cambridge: Cambridge University Press, 2013.

25 Jesse Ausubel, 'Peak farmland', lecture for the Symposium in Honor of Paul Demeny, New York, 16 December 2012.

26 Quoted in Jim Prevor, 'Feeding the world in 2050', *American Food and Ag Exporter* (Fall 2009), 10–14, p. 14.

27 Easterbrook 1997.

28 'Total fertility', United Nations Population Division, downloaded 31 October 2015. United Nations, Department of Economic and Social Affairs, Population Division, 'World Fertility Patterns 2015 – Data Booklet' (ST/ ESA/ SER.A/370) (2015).

29 Von Grebmer et al. 2015.

2 公共卫生

1 G. K. Chesterton, *The Man Who Was Thursday.* New York: Barnes & Noble, 2004, p. 5.

2 Ann Lindstrand, Staffan Bergström, Hans Rosling, Birgitta Rubenson, *Bo Stenson, Global Health: An Introductory Textbook.* Lund: Studentlitteratur, 2006, p. 77.

3 WHO, *The World Health Report 1995: Bridging the Future.* Geneva: WHO, 1995; WHO and UNICEF, Progress on Sanitation and Drinking Water: 2015 Update and MDG Assessment. Geneva: WHO and UNICEF, 2015.

4 Quoted in Rose George, *The Big Necessity: Adventures in the World of Human Waste.* London: Portobello, paperback edition, 2009, p. 86.

5 Claire Tomalin, Samuel Pepys: *The Unequalled Self.* London: Penguin Books, 2003, p. 5.

6 Otto L. Beman, *The Good Old Days: They Were Terrible.* New York: Random House, 1974, p. 35.

7 Bill Emmott, 20/21 Vision: *The Lessons of the 20th Century for the 21st.* London: Penguin, 2004, p. 257f.

8 Per-Anders Fogelström, *Ladugårdslandet som blev Östermalm.* Stockholm: Billbergs, 1964, p. 18.

9 Deaton 2013, p. 95.

10 David Cutler and Grant Miller, 'The role of public health improvements in health advances: the 20th century United States', Working Paper 10511, National Bureau of Economic Research, May 2004.

11 WHO and UNICEF 2015. The 1980 number is from WHO 1995.

12 Fredrik Segerfeldt, *Water for Sale: How Business and the Market Can Resolve the World's Water Crisis.* Washington DC: Cato Institute, 2005, p. 13f.

13 UNDP, *Human Development Report 2006: Beyond Scarcity: Power, Poverty and the Global Water Crisis.* New York: UNDP, 2006, p. 14.

14 UNDP 2006, p. 47.

15 Adelaide Lusambili, "'It is our dirty little secret': an ethnographic study of the flying toilets in Kibera Slums, Nairobi", STEPS Working Paper 44. Brighton: STEPS Centre, 2011, p. 12.

16 WHO and UNICEF 2015.

3 预期寿命

1 M. C. Buer, *Health, Wealth and Population in the Early Days of the Industrial Revolution.* Abingdon: Routledge, 2013, p. 88.

2 Rosemay Horrox, *The Black Death.* Manchester: Manchester University Press, 1994, p. 65.

3 Horrox 1994, p. 82ff.

4 Braudel 2002, p. 85.

5 Deaton 2013, p. 77.

6 Abdel R. Omran, 'The epidemiologic transition: a theory of the epidemiology of population change', *Milbank Quarterly,* 83, 4 (2005), 731–757.

7 Oskar Burgera, Annette Baudischa and James W. Vaupel, 'Human mortality improvement in evolutionary context', *Proceedings of the National Academy of Sciences of the United States of America,* 109, 44 (2012), 18210–18214.

8 Fogel 2004, p. 110f.

9 Omran 2005.

10 Deaton 2013, p. 84f.

11 Carlo A. Corsini and Pier Paolo Viazzo (eds), *The Decline of Infant Mortality in Europe 1800–1950: Four National Case Studies.* Florence: UNICEF, 1993.

12 Charles Kenny, *Getting Better, Why Global Development Is Succeeding – and How We Can Improve the World Even More.* New York: Basic Books, 2012, p. 12.

13 WHO, *The Global Eradication of Smallpox: Final Report of the Global Commission for the Certication of Smallpox Eradication.* Geneva: WHO, 1980.

14 WHO, *World Malaria Report 2015.* Geneva: WHO, 2015.

15 Deaton 2013, p. 151.

16 World Bank, 'World Development Indicators 2015'.

17 World Bank, 'World Development Indicators 2015'; United Nations, *The Millennium Development Goals Report.* New York: United Nations, 2015, p. 5.

18 Joshua Nalibow Ruxin, 'Magic bullet: the history of oral rehydration therapy', *Medical History,* 38 (1994), 363–397.

19 David E. Bloom, '7 billion and counting', *Science,* 333 (2011), 562–569.

20 Kenny 2012, chap. 6.

21 William Easterly, 'Life during growth', *Journal of Economic Growth,* 4, 3 (1999), 239–276.

22 World Bank, 'World Development Indicators 2015'.

23 In 2013 it was 86.6 years.

24 Jim Oeppen and James W. Vaupel, 'Broken limits to life expectancy', *Science,* 296, 5579 (2002), 1029–1031.

25 Deaton 2013, p. 149.

4 贫困

1 Jane Jacobs, *The Economy of Cities.* New York: Random House, 1969, p. 121.

2 Braudel 2002, p. 283.

3 Maddison 2003, p. 262.

4 Fogel 2004, p. 41.

5 Adam Smith, *An Inquiry Into the Nature and Causes of the Wealth of Nations,* Glasgow Edition of the Works and Correspondence of Adam Smith. Indianapolis: Liberty Fund, 1981, bk. 1, ch. 8.

6 Peter Lindert and Jeffrey Williamson, 'English workers' living standards during the Industrial Revolution: a new look', in Joel Mokyr (ed.), *The Economics of the Industrial Revolution.* London: Allen & Unwin, 1985.

7 Fogel 2004, p. 38.

8 World Bank, *World Development Report 1997: The State in a Changing World.* Washington DC: World Bank Group, 1997.

9 Lasse Berg, *Ut ur Kalahari : drömmen om det goda livet.* Stockholm: Ordfront, 2014, p. 63.

10 Berg 2014, p. 60. Their first return visit is described in Lasse Berg and Stig Karlsson, *I Asiens tid: Indien, Kina, Japan.* Stockholm: Ordfront, 2000.

11 Swaminathan S. Anklesaria Aiyar, 'Capitalism's assault on the Indian caste system', *Cato Policy Analysis,* 776, 21 July 2015, p. 12.

12 Lant Pritche, 'Divergence, big time', *Journal of Economic Perspectives,* 11, 3 (1997), 3–17, p. 3.

13 Arvind Subramanian and Martin Kessler, 'The hyperglobalization of trade and its future', Working Paper 3, Global Citizen Foundation, 2013.

14 Peter Hartcher, 'Tipping point from West to rest just passed', *Sydney Morning Herald,* 17 April 2012.

15 Bourguignon and Morrisson 2002.

16 John Rawls, *A Theory of Justice.* Oxford: Oxford University Press, 1973; see application of this in Bjørn Lomborg, *The Skeptical Environmentalist: Measuring the Real State of the World.* Cambridge: Cambridge University Press, 2001, p.64.

17 David Dollar, Tatjana Kleineberg and Aart Kraay, 'Growth still is good for the poor', Working Paper 596, Luxembourg Income Study, Cross-National Data Center in Luxembourg, 2013, p. 17.

18 UN-HABITAT, *State of the World's Cities 2012/13: Prosperity of Cities.* Nairobi: UN-HABITAT, 2012, p. 126; United Nations, The Millennium Development Goals Report 2015, p. 60.

19 World Bank, *A Measured Approach to Ending Poverty and Boosting Shared Prosperity: Concepts, Data, and the Twin Goals.* Washington, DC: World Bank Group, 2015, p. 44ff.

20 Tomáš Hellebrandt and Paulo Mauro, *'The future of worldwide income distribution',* Working Paper 15-17, Peterson Institute for International Economics, 2015.

5 暴力

1 Henry Maine, *International Law: A Series of Lectures Delivered Before the University of Cambridge.* H. Holt, 1887, p. 8.

2 Steven Pinker, *The Better Angels of Our Nature: The Decline of Violence in History and Its Causes.* London: Allen Lane, 2011, p. xxi.

3 P. Davies, L. Lee, A. Fox and E. Fox, 'Could nursery rhymes cause violent behaviour: a comparison with television viewing', *Archives of Diseases in Childhood,* 89 (2004), 1103–1105.

4 Manuel Eisner, 'Long-term historical trends in violent crime', *Crime and Justice,* 30 (2003), 83–142.

5 Pinker 2011, p. 132.

6 Pinker 2011, p. 52f.

7 Eisner 2003.

8 Barbara Tuchman, *A Distant Mirror: The Calamitous 14th Century.* New York: Random House, 2011, p. 135.

9 Eisner 2003.

10 Jan Philipp Reemtsma, *Trust and Violence: An Essay on a Modern Relationship.* Princeton, NJ: Princeton University Press, 2012, p. 118.

11 Pinker 2011, p. 81.

12 Pinker 2011, p. 159.

13 Pinker 2011, p. 231.

14 Pinker 2011, p. 232.

15 C. V. Wedgwood, *The Thirty Years' War.* New York: New York Review Books Classic, 2005, p. 14f.

16 John Mueller, *Retreat from Doomsday: The Obsolescence of Major War.* New York: Basic Books, 2001, p. 18.

17 Pinker 2011, p. 224ff.

18 Mueller 2001, p. 5.

19 *Human Security Report 2005.* New York: Oxford University Press, 2005, p. 75.

20 Frank Chalk and Kurt Jonassohn, *The History and Sociology of Genocide: Analyses and Case Studies.* New Haven: Yale University Press, 1990, pp. xvii, 58.

21 *Human Security Report 2013.* Vancouver: Human Security Press, 2014.

Audrey Cronin, *How Terrorism Ends: Understanding the Decline and Demise*
22 *of Terrorist Campaigns.* Princeton, NJ: Princeton University Press, 2009, p. 114.

23 Norman Angell, *The Great Illusion.* New York: Cosimo Classics, 2007.

6 环境

1 'Indira Gandhi's address', *The Times of India,* 15 June 1972.

2 Michelle L. Bell, Devra L. Davis and Tony Fletcher, 'A retrospective assessment of mortality from the London smog episode of 1952: the role of influenza and pollution'. *Environmental Health Perspectives.* 2004 January; 112(1): 6–8.

3 Department for Environment, Food and Rural Affairs, 'Emissions of air pollutants in the UK, 1970–2013', 18 December 2014.

4 Donella H. Meadows, Dennis L. Meadows, Jørgen Randers and William W. Behrens III, *The Limits to Growth.* Washington DC: Potomac Associates, 1972, p. 71.

5 Department for Environment, Food and Rural Affairs 2014.

6 Lomborg 2001, p. 164f.

7 Maias Svensson, *Miljöpolitik för moderater.* Stockholm: Fores, 2015, p. 26.

8 Forest Europe, *State of Europe's Forests 2015.* Madrid: Ministerial Conference on the Protection of Forests in Europe, 2015; FAO, *Global Forest Resource Assessment 2015.* Rome: FAO, 2015; Brad Plumer, 'Brazil's recent fight against deforestation has been a huge success', *Vox,* 14 June 2015.

9 Ausubel 2012, p. 2.

10 Bailey 2015, chap. 7.

11 Maria Dornelas, Nicholas J. Gotelli, Brian McGill, Hideyasu Shimadzu, Faye Moyes, Caya Sievers and Anne E. Magurran, 'Assemblage time series reveal biodiversity change but not systematic loss', *Science,* 344.6181, 18 April 2014, pp. 296, 298.

12 The index was developed by Yale Center for Environmental Law and Policy and Center for International Earth Science Information Network at Columbia University.

13 A. Hsu, J. Emerson, M. Levy, A. de Sherbinin, L. Johnson, O. Malik, J. Schwartz and M. Jaiteh, *The 2014 Environmental Performance Index.* New Haven, CT: Yale Center for Environmental Law & Policy, 2014.

14 Lance A. Ealey and Glenn A. Mercer, 'Tomorrow's cars, today's engines', *McKinsey Quarterly,* 3 (2002).

15 Bailey 2015, p. 115f.

16 Bailey 2015, chap. 4.

17 Blake Clayton, *Market Madness: A Century of Oil Panics, Crises, and Crashes.* Oxford: Oxford University Press, 2015, p. 17f.

18 Environmental Performance Index 2006.

19 Indur M. Goklany, *The Improving State of the World: Why We're Living Longer, Healthier, More Comfortable Lives on a Cleaner Planet.* Washington, DC: Cato Institute, 2007, p. 149f.

20 Bishwa S. Koirala, Hui Li and Robert P. Berrens, Further investigation of environmental Kuznets curve studies using meta-analysis', *International Journal of Ecological Economics and Statistics,* 22, S11 (2011).

21 Indur Goklany, 'Deaths and death rates from extreme weather events: 1900–

2008'. *Journal of American Physicians and Surgeons,* 14, 4 (2009), 102–109.

22 Bailey 2015, p. 200.

23 Lindstrand et al. 2006, p. 70. In fact, infant mortality in Bosnia and Croatia fell by around one fourth during the war years.

24 Goklany 2009.

25 Peter H. Diamandis and Steven Kotler, *Abundance: The Future is Better than You think.* New York: Free Press, 2012, p. 169.

7 消失的文盲

1 Plutarch, *On Listening to Lectures,* 46 BC, Section 18.

2 Berg 2014, p. 80.

3 van Zanden et al. 2014, chap. 5. For a history, see UNESCO, *Literacy for Life, Global Monitoring Report 2006.* Paris: UNESCO, 2005, chap. 8.

4 Erik Lidström, *Education Unchained: What It Takes to Restore Schools and Learning.* Lanham, MD: Rowman & Littlefield, 2015, p. 63.

5 van Zanden et al. 2014.

6 van Zanden et al. 2014. The 2015 estimate is from UNESCO, 'Education for All 2000–2015: Achievements and Challenges', EFA Global Monitoring Report 2015. Paris: UNESCO, 2015.

7 Kenny 2012, p. 80.

8 United Nations 2015.

9 Kenny 2012, p. 81.

10 United Nations 2015.

11 Kenny 2012, p. 79; United Nations 2015.

12 UNESCO 2005, p. 196f.

13 'Learning unleashed', *The Economist,* August 1, 2015.

14 Ibid.

15 James Tooley, *The Beautiful Tree: A Personal Journey into How the World's Poorest People Are Educating Themselves.* Washington DC: Cato Institute, 2009, pp. 174, 258–259.

16 World Bank, 'World Development Indicators 2015', exc. 1970.

17 United Nations 2015.

18 Frederick Douglass, *The Life and Times of Frederick Douglass.* North Chelmsford, MA: Courier Corporation, 2012, p. 141.

19 Douglass 2012, chap. 7.

8 自由

1 Voltaire, *L'Ingénu,* 1767, chap. 10.

2 Douglass 2012, chap. 7.

3 Robert Guest, *The Shackled Continent.* London: Pan Books 2005, p. 8.

4 Paul Petit, *Pax Romana.* Berkeley and Los Angeles: University of California Press, 1976, p. 162.

5 Michael Shermer, *The Moral Arc: How Science and Reason Lead Humanity Toward Truth, Justice, and Freedom.* New York: Henry Holt and Company, 2015, p. 194.

6 Shermer 2015, p. 206.

7 Shermer 2015, pp. 205f.

8 *The Papers of Thomas Jefferson,* vol. 1, 1760–1776. Ed. Julian P. Boyd. Princeton: Princeton University Press, 1950, p. 243ff.

9 Manisha Sinha, *The Counterrevolution of Slavery: Politics and Ideology in Antebellum South Carolina.* Chapel Hill: University of North Carolina Press, 2000, p. 255f.

10 Shermer 2015, p. 211.

9 平等

1 Charles Darwin, *The Descent of Man, and Selection in Relation to Sex.* Princeton, NJ: Princeton University Press, 2008, part 1, p. 100.

2 Pinker 2011, p. 658.

3 Shermer 2015, p. 18.

4 John Locke, *A Letter Concerning Toleration.* Peterborough, ON: Broadview Press, 2013, p. 85.

5 James R. Flynn, *What is Intelligence? Beyond the Flynn Effect.* Cambridge: Cambridge University Press, 1st expanded pbk edn, 2009, p. 18f.

6 Pinker 2011, p. 656.

7 Karl Marx and Friedrich Engels, 'Manifesto of the Communist Party', in Karl Marx and Friedrich Engels, *Basic Writings on Politics and Philosophy.* London: Fontana, 1984, p. 52.

8 Benjamin M. Friedman, *The Moral Consequences of Growth.* New York: Alfred A Knopf, 2005.

9 Ronald Inglehart, *Modernization and Postmodernization: Cultural, Economic and Political Change in 43 Societies.* Princeton, NJ: Princeton University Press, 1997, p. 40.

10 Brink Lindsey, *The Age of Abundance: How Prosperity Transformed America's Politics and Culture.* New York: Collins, 2007, p. 104.

11 Abigail Thernstrom and Stephan Thernstrom, *America in Black and White: One Nation, Indivisible.* New York: Simon & Schuster, Touchstone edition, 1999, p. 31.

12 Pinker 2011, p. 390f.

13 'Trends in American values 1987–2012', The Pew Research Center, 4 June 2012.

14 Victor Asal and Amy Pate, 'The decline of ethnic political discrimination, 1950–2003', in Monty G. Marshall and Ted Robert Gurr (eds), *Peace and Conflict 2005.* College Park, MD: Center for International Development & Conflict Management, University of Maryland, 2005, p. 38.

15 Margo Wilson and Martin Daly, 'The man who mistook his wife for a chattel', in J. H. Barkow, L. Cosmides and J. Tooby (eds), *The Adapted Mind. Evolutionary Psychology and the Generation of Culture.* New York: Oxford University Press, 1992.

16 Mary Wollstonecraft, *A Vindication of the Rights of Woman,* 3rd edition. London: J. Johnson, 1796, p. 90.

17 'Bolting among the ladies', Oneida Whig, 1 August 1848.

18 Nicola Lacey, Celia Wells and Oliver Quick, *Reconstructing Criminal Law: Text and Materials.* Cambridge: Cambridge University Press, 2003, p. 488.

19 UNDP, Human Development Report 2014. New York: UNDP, 2014.

20 Pinker 2011, p. 413.

21 United Nations Children's Fund, *Female Genital Mutilation/Cutting: What Might the Future Hold?* New York: UNICEF, 2014.

22 Pew Research Center 2013.

23 Jean M. Twenge, 'Attitudes toward women, 1970–1995: a meta-analysis', *Psychology of Women Quarterly,* 21, 1 (1997), 35–51.

24 Pinker 2011, p. 408f.

10 童工制度的终结

1 Julian L. Simon (ed.), *The State of Humanity.* Oxford and Cambridge: Blackwell, 1995, p. 27.

2 Eli F. Heckscher, *Industrialismen: Den ekonomiska utvecklingen sedan 1750,* 4th edition. Stockholm: Kooperativa Förbundets Bokförlag, 1948, p. 115.

3 ILO, *Economically Active Populations: Estimates and Projections, 1950–2010.* Geneva: ILO, 1996; ILO, *Marking Progress Against Child Labour: Global Estimates and Trends 2000–2012.*Geneva: ILO, 2013.

4 Martin Ravaillon, *Economics of Poverty: History, Measurement and Policy.* New York: Oxford University Press, 2016.

5 UNICEF, *Child Labour in Historical Perspective 1800–1985: Case Studies from Europe, Japan and Colombia.*Ed. Hugh Cunningham and Pier Paolo Viazzo. Florence: UNICEF, 1996, p. 41.

6 Kaushik Basu, 'Child labor: cause, consequence and cure, with remarks on international labor standards', *Journal of Economic Literature,* 37, 3 (1999), 1083–1119.

7 Clark Nardinelli, *Child Labor and the Industrial Revolution.* Bloomington: Indiana University Press, 1990, p. 115.

8 Eric V. Edmonds and Norbert Schady, 'Poverty alleviation and child labor', Working Paper 15345, National Bureau of Economic Research, 2009.

9 Eric Edmonds and Nina Pavcnik, 'Child labor in the global economy', *Journal of Economic Perspectives,* 19, 1 (2005), 199–220; Eric Edmonds, Nina Pavcnik and Petia Topalova, 'Trade adjustment and human capital

investments: evidence from Indian tariff reform'. Working Paper 12884, National Bureau of Economic Research, 2007.

10 ILO 1996.

11 ILO 2013.

12 UNICEF 1996, p. 52.

13 Ronald Inglehart, Roberto Foa, Christopher Peterson and Christian Welzel, 'Development, freedom, and rising happiness: a global perspective (1981–2007)', *Association for Psychological Science,* 3, 4 (2008), 264–285, p. 264.

14 Herbert Spencer, 'The Kantian idea of rights', appendix 1 in *The Principles of Ethics,* vol. II. Indianapolis: Liberty Fund, 1978.

15 Berg and Karlsson 2000, p. 42.

结语　为什么你仍然不相信？

1 Bailey 2015, p. xvii.

2 Melanie Randle and Richard Eckersley, 'Public perceptions of future threats to humanity and different societal responses: a cross-national study', *Futures,* 72 (2015), 4–16.

3 Johan Norberg, 'Rubriker som gör oss rödda'. Timbro, 2005.

4 Mark Crispin Miller, 'It's a crime: the economic impact of the local TV news'. New York: Project on Media Ownership, 1998.

5 Eric Weiner, *The Geography of Bliss: One Grump's Search for the Happiest Places in the World.* New York: Twelve, 2008, p. 1f.

6 'Medierna i P1', Sveriges Radio, Swedish Public Radio, broadcast on 7 February 2015.

7 Ed Cumming, 'The scientists with reason to be cheerful', *The Guardian,* 15 November 2015.

8 Martin I. Meltzer, Charisma Y. Atkins, Scott Santibanez, Barbara Knust, Brett W.Petersen, Elizabeth D.Ervin, StuartT. Nichol, Inger K. Damon, Michael L. Washington, 'Estimating the future number of cases in the Ebola epidemic – Liberia and Sierra Leone, 2014–2015', *Morbidity and Mortality Weekly Report Supplements,* 63, 3 (2014), 1–14.

9 'Predictions with a Purpose', *The Economist,* 7 February 2015.

10 *Strömstads Tidning,* 30 June 2007.

11 Anders Bolling, *Apokalypsens gosiga mörker.* Stockholm: Bonniers, 2009, p. 51.

12 Amos Tversky and Daniel Kahneman, 'Availability: a heuristic for judging frequency and probability', *Cognitive Psychology,* 5, 2 (1973), 207–232.

13 Steven Pinker, 'If everything is getting beer, why are people so pessimistic?', *Cato Policy Report,* January/February 2015.

14 Roy F. Baumeister, Ellen Bratslavsky, Catrin Finkenauer and Kathleen D. Vohs, 'Bad is stronger than good', *Review of General Psychology,* 5, 4 (2001), 323–370, p. 323f.

15 Arthur Herman, *The Idea of Decline in Western History.* New York: Free Press, 1997, chap. 1.

16 Lasse Berg, *Ut ur Kalahari: Drömmen om det goda livet.* Stockholm: Ordfront 2014, p. 81.

17 Berg 2014, p. 91.

18 Eric Jones, *The European Miracle: Environments, Economies and Geopolitics in the History of Europe and Asia.* Cambridge: Cambridge University Press, 1987.

图书在版编目（CIP）数据

进程 /（瑞典）约翰·诺伯格著；刘少阳译 . -- 天津：天津人民出版社，2020.7

书名原文：Progress

ISBN 978-7-201-16012-2

Ⅰ . ①进… Ⅱ . ①约…②刘… Ⅲ . ①世界史—文化史—通俗读物Ⅳ . ① K103-49

中国版本图书馆 CIP 数据核字 (2020) 第 096776 号

著作权合同登记号　图字 02-2020-88

进程
JINCHENG

出　　版　天津人民出版社
出 版 人　刘　庆
地　　址　天津市和平区西康路 35 号康岳大厦
邮政编码　300051
邮购电话　（022）23332469
网　　址　http://www.tjrmcbs.com
电子邮箱　reader@tjrmcbs.com

责任编辑　伍绍东
装帧设计　唐旭 & 谢丽 xtangs@foxmail.com

制版印刷　三河市冀华印务有限公司
经　　销　新华书店
开　　本　880 毫米 ×1230 毫米　1 /32
印　　张　9
字　　数　150 千字
版次印次　2020 年 7 月第 1 版　2020 年 7 月第 1 次印刷
定　　价　49.80 元